40文字でわかる銃の常識・非常識

あかぎひろゆき

はじめに

銃社会の米国では、休日に家族ぐるみのレジャーとしての射撃を楽しむことも珍しくない。もっと言えば、小学生が空き缶を撃って遊ぶお国柄だ。これに対して、銃規制の強い日本では実銃を所持するのが一苦労で、エアガンなどのトイガンを所持するのが関の山だ。

だが、そうは言っても、エンターテイメントの世界であれば、銃が登場する映画やコミック、ゲームなどは意外と多いので、その中で「走りながら本当にそんなに当たるのか？」とか「どうして撃つ前にガチャと重鉄を戻すのか？」と思うこともしばしばあるだろう。銃というものは、多くの日本人にとって空想世界にのみ存在するものだから、知らないのも無理はない。

本書では「銃の名前ならいくつかわかるが、深くは知らない」という人の素朴な疑問に対し、努めてカンタンに回答したつもりだ。読後、銃に対する正しい認識と基礎知識が少しでも得られたなら、著者として幸いである。

トイガンで遊べるのは、社会が平和で健全である証拠なのだ。どうか、サバイバル・ゲームの合間にでも、肩肘張らずに読んで欲しい。

目　次

PART1　拳銃

1　どのように照準をつける？

「目ー照門ー照星ー標的」を一直線に結ぶ。
風や重力の影響も考慮すべし

▼狙うときは「照星」と「照門」を使う

当然の話だが、銃は狙って撃つものだ。そのために、銃には簡単な照準器が備わっている。これを英語でアイアンサイトと呼ぶが、必ずしも金属製とは限らない。

アイアンサイトは、照星（フロントサイト）と照門（リアサイト）からなり、これでワンセットの照準器となる。銃身上の銃口に近い部分の突起が照星で、その後ろ手元方向に位置する突起が照門である。

これらは拳銃だけでなく、ライフルやマシンガンにも付いているが、散弾を使用するショットガンには照門は付いてい

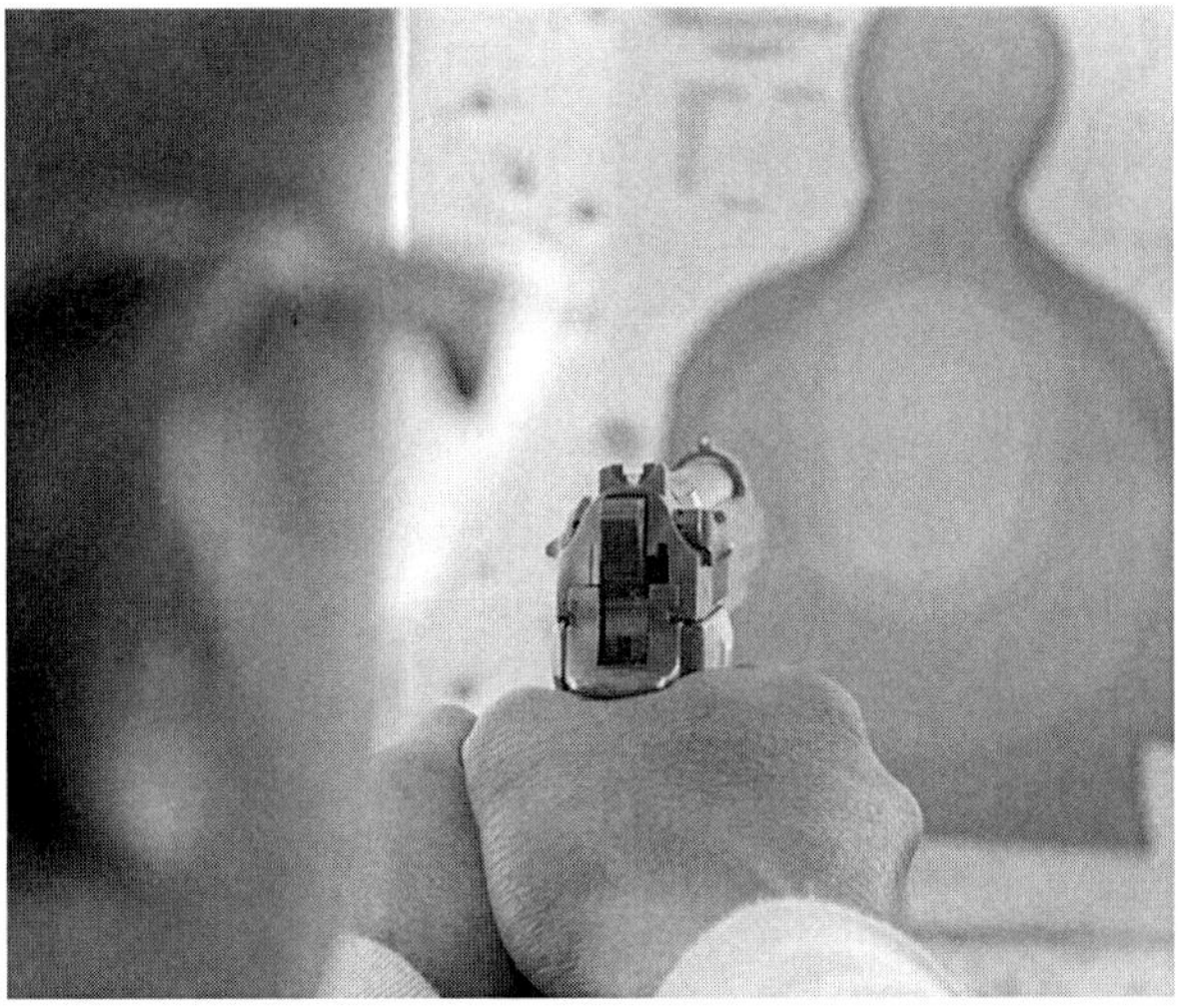

9ミリ拳銃のアイアンサイト。銃上部の手前に見えるV字が照門（リアサイト）

ない。

▼正しい照準方法とは

照準をつけるには、まず銃の照門を覗いて、その中心に照星の頂点が位置するように合わせる。これを自衛隊では「正しい見出し」と言う。

次に、標的の中心に照星の頂点を合わせる。これを「正しい狙い」と呼ぶ。

正しい見出しを維持した状態で正しい狙いを行なえば、「目ー照門ー照星ー標的」が一直線に結ばれる。これが「正しい照準」だ。

しかし、弾着が右にズレるなど銃固有の癖もあるし、そもそも発射されたタマは水平には飛ばない。地球の引力によって、弾道はわずかに放物線を描く。

また、初速や弾頭の重量にもよるが、横風にも影響される。実際には、銃を狙った場所に命中させるのはなかなか難しいものなのだ。

正しい照準方法

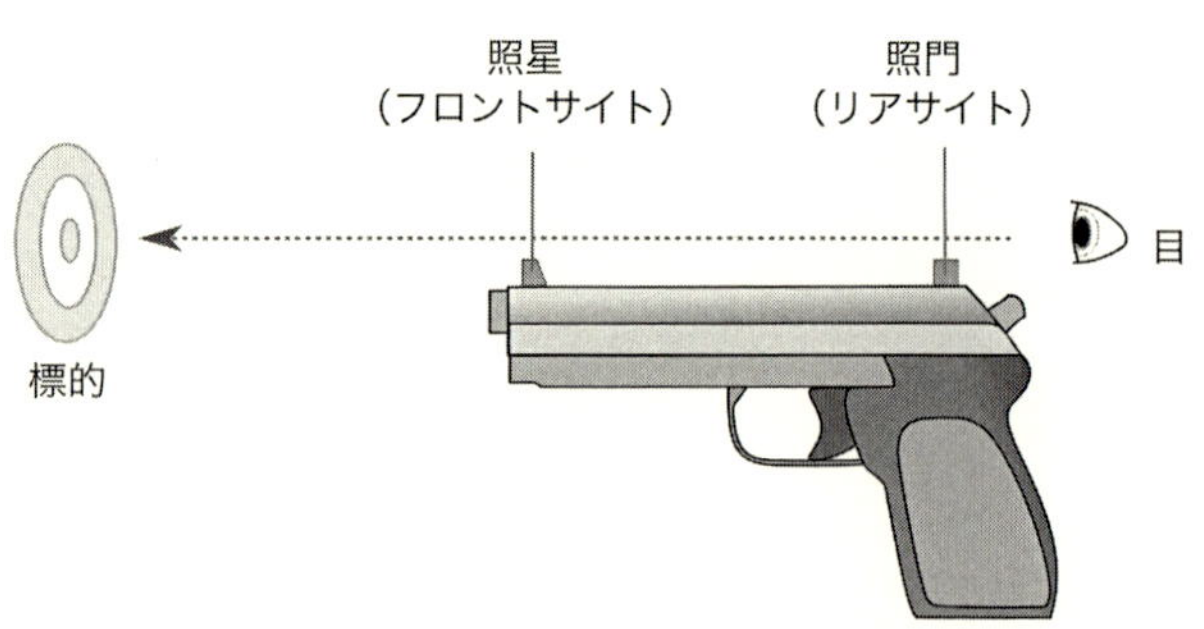

2　照準時に、片目をつむった方がよい？

一般的には利き目でない方をつむる。
本来は両目を開いて狙うのが理想だが、訓練が必要

▼片方をつむるのは、狙いやすくするため

「1　どのように照準をつける？」でも述べたように、銃の照準は「自分の目」と銃の「照門」、「照星」、さらに「標的」が一直線に結ばれるようにする。

この時、普通はマスターアイ（利き目）と反対の目（多くの場合は右目）をつむるが、これが非常に疲れる。なぜなら眼球がある生物は、意識的に長時間目を閉じるのが難しいからだ。ウインクするときは一瞬だけ片方の瞼を閉じるが、照準時は片目をつむりながら、銃の動揺を防ぐために呼吸を止める必要がある。銃が少しでも動揺すれば、発射されたタマが動揺した方向へずれるからだ。

呼吸を止める時間は、照準開始から引鉄を引くまでの間、わずか数秒間である。だが、その間は体内に取り込まれる酸素が不足し、照準に使う利き目の視力は低下する。何発も射撃していると、だんだん目が疲れて、標的に当たらなくなってくる。

▼危険な状況では両眼照準が推奨される

そこで、両眼照準といって、両目を開けたまま射撃する方法もある。オリンピックなどの射撃競技では、「目隠し板」を使って利き目と反対の目を隠してしまう。しかし軍隊では、わざわざ戦場へ目隠し板を持って行けない。また、警戒時に視界を確保する必要もあるから、訓練を重ねて両眼照準ができるようにするしかない。

軍隊や警察では、両眼照準を推奨しているが、必須の照準方法として教育されている訳ではない。だから、最前線で戦う一般歩兵では、まず両眼照準はしないし、できるように訓練されてもいない。スナイパーや特殊部隊の隊員などを例外とすれば、両眼照準は理想だろうが、慣れないと難しいのだ。

3　拳銃はどう構える？

両手の正面構えと半身構え、片手撃ちがある。
上から順に命中率が高く、被弾確率も高い

▼今の主流は、両手で正面に構える

拳銃の構え方には「両手保持」はもちろん、「片手保持」もある。というか、そもそも拳銃は片手で撃てるように作られた銃だ。

「片手保持」には、２つのスタイルがある。「ポイントショルダー」は、フリーピストルなどの射撃競技向きで、冷戦時代の軍隊はこの構え方をした。昔は自衛隊や米軍などでも、拳銃の射撃姿勢と言えば、このスタイルで教育されたものだった。まず、両足を肩幅より少し開いて立ち、銃を持った方の腕を真っ直ぐ伸ばす。反対の手は、軽く腰に当てる（軍隊では、心臓付近に位置させる）。

一方、「クラウチング」は、猫背なほど前傾で、かつ中腰の射撃姿勢だ。歩行中に突然敵が現出し、数メートルの至近距離で撃つときに用いる。至近距離で素早く撃つことを重視しているから、命中精度が犠牲となるが、これは仕方がないだろう。

両手保持には、「アイソセレス」と「ウィーバー」がある。アイソセレスは銃を正面に向けて構え、両足を肩幅程度に開く。この姿勢を上から見ると、身体と腕が二等辺三角形（アイソセレス）を成すので、アイソセレスと呼ぶ。現在の警察や軍隊、そして自衛隊でも、主流となっている撃ち方だ。上

両手撃ちの姿勢

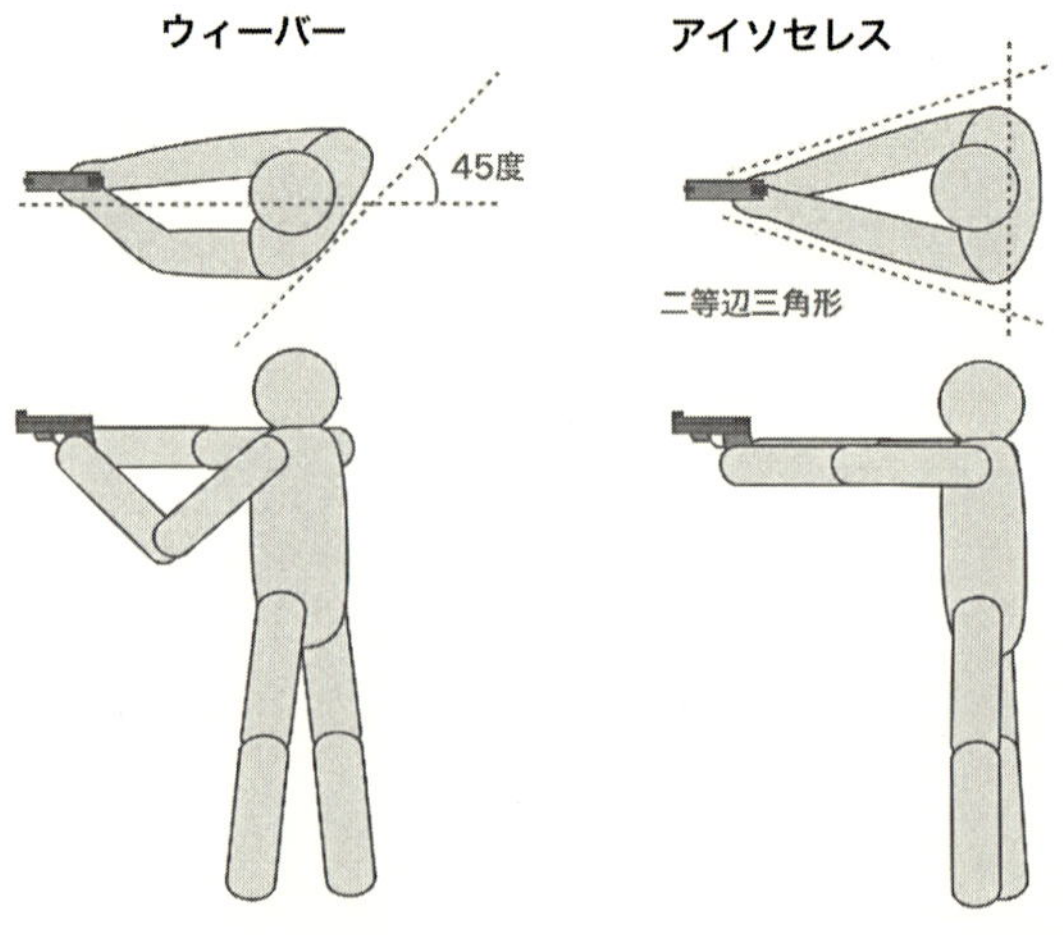

半身を支点にして、左右どちらの敵に対しても、素早く銃を向けることができる。

　また、ウィーバーは半身になり、銃を持つ腕は伸ばし、反対の腕を曲げて銃に添える撃ち方だ。このためアイソセレスとは逆に、左右に突然現れた敵を素早く狙って撃つ、ということは難しい。しかし、半身になっているため、正面から撃たれたときに被弾する確率はアイソセレスよりも低くなり、物陰などに身を隠しながらも撃てるのが利点だ。玄人っぽく見えるため、映画などではこの構えをすることが多い。

　肝心の命中率は、片手保持よりは両手保持の方がよく、大差はないがウィーバーよりアイソセレスの方が多少は命中させやすいと言えるだろう。

片手撃ちの姿勢

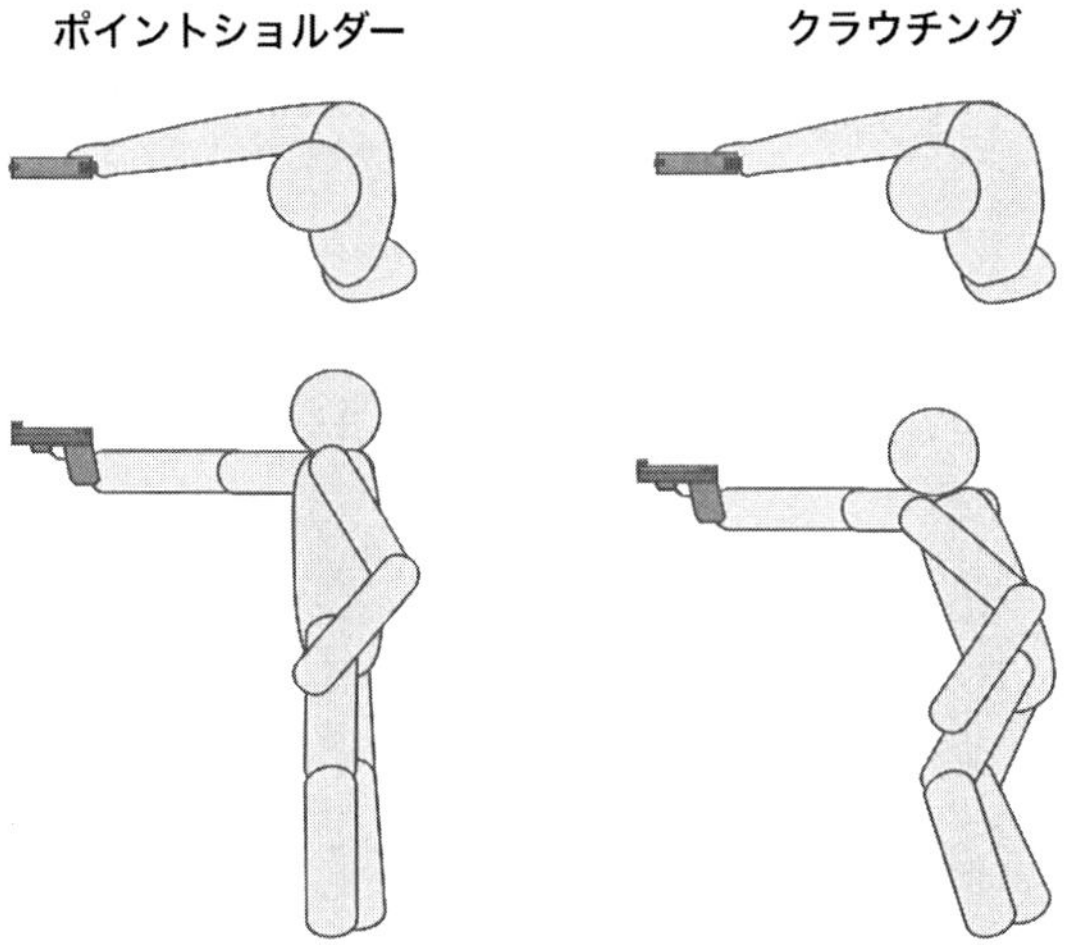

▼伏せ撃ちは命中率が上がるが、動きづらい

　今まで述べた構え方は、クラウチングこそ中腰だが、いずれも立姿（スタンディング）である。他に基本的な射撃姿勢には、片方の膝を突く「膝撃ち＝膝射《しっしゃ》（ニーリング）」と、腹這いになって撃つ「伏せ撃ち《プローン》」がある。

　伏せ撃ちは安定した姿勢である分、すべての構えの中でも一番命中率が期待でき、かつ地面に伏せていて正面面積が小さいため敵弾が命中しにくい姿勢だと言える。しかし当然伏せているため、一発撃った後に立ち上がり、遮蔽物へ移動するときに時間がかかったり、左右の敵に対して素早く銃を向けることができないなどの欠点もある。

4　映画のように走りながら撃って当たる？

銃の照準はわずかな揺れでも乱れる。走行中に撃っても、凡人ではまず当たらない

▼銃はそもそも当てるのが難しい

走りながら銃を撃ち、しかも目標に命中させる。実はこれはかなり困難な行為だ。

現代の戦車なら、野外のデコボコな不整地を走りながら、走行中の敵戦車を射撃して命中させることができる。戦車の場合、敵戦車が動いていても、一度照準してロックオンすれば、自車がいかなる姿勢になろうが、向きが変わろうが、砲身だけは敵戦車を追尾し続ける。サスペンションが車体の揺れを最小限にして、常に砲身が敵戦車を向くように、砲安定装置が作動するのだ。さらに、弾道計算コンピュータが風向・風速・敵戦車までの距離・自車の速度などを計算して、いつでも砲手が戦車砲を撃てば当たるように調整し続ける。

しかし、人間の場合はかなり難しい。ドットサイトなどの照準器を銃に装着すれば、最初から銃に付いているアイアン

左右に蛇行走行しながらの射撃（スラローム射撃）を行なう陸上自衛隊の10式戦車。優れたコンピュータシステムが砲身の揺れをカバーする（Photo：陸上自衛隊）

サイトよりは、咄嗟に狙いをつけやすくなる。だが、走ると身体が上下し、照準の軸線もずれてしまって、正しい狙いを維持するのは大変だ。銃を照準するのは、心臓の鼓動だけでも体が揺れて命中率に影響すると言われる繊細な作業である。走りながらの射撃は素人の想像以上に困難で、並みの人間ではまず当たらない。

▼不可能を可能にする特殊部隊の猛訓練

冷戦後の軍隊では、一般歩兵でも歩行射撃をするのが通例だ。これでも命中精度は立ち止まって撃つときよりもガタ落ちになる（筆者のような「下手の横好き」射手では、ほとんど標的に当たらない）のだが、自分が動いていることで被弾の確率を下げることができるからだ。

それでも特殊部隊は、10メートル程度の距離であれば、走りながら撃って敵の頭部に命中させるというから、まさに神業だ。このテクニックは、要人暗殺や捕虜・人質救出作戦などのように、不意急襲的な効果を発揮したい局面で用いられることが多い。

一般歩兵と、それに相当する陸自の普通科隊員が訓練で撃つ実弾は、年に数百発かせいぜい千発程度である。特殊部隊ではそのタマ数をたった1日で撃つ。年間の実弾消費数は数万発から数十万発と言われるが、そのくらい猛訓練をすれば、走りながら撃っても正確に当たるだろう。

5　拳銃はどのくらいの距離まで当たる？

「最大射程」は1～2キロだが、
命中可能な「有効射程」はたったの25～50メートル

▼「有効射程」と「最大射程」の違い

拳銃に限らず、銃の射程には「有効射程」と「最大射程」がある。前者は命中弾を与えることができる距離で、後者は弾丸の最大飛翔距離を言う。したがって、単に「射程」と呼ぶ場合、大抵は有効射程を表すものと思えばよい。

▼拳銃での戦いは距離10メートル以内で起きる

前提として、銃の種類により精度が異なるし、射手の腕前や標的の大きさなどでも命中率は違ってくる。とは言え、一

旧ソ連の制式拳銃「マカロフ」を撃つ筆者。標的までの距離は約10メートルである

般的に拳銃の有効射程はせいぜい25メートル、腕のよい射手でも50メートルくらいが限界だろう。軍隊や警察の統計によれば、拳銃での交戦は大抵7〜10メートルの距離で行なわれるという。

これがアサルトライフルの有効射程であれば、5・56ミリNATO弾を使用する銃で300メートル、7・62ミリNATO弾使用の銃だと400メートルにも達する。

一方、最大射程という場合は、単純に弾丸がどこまで届くかを表す。この場合も銃や弾薬の種類、そして気温などの大気条件により異なってくるが、大雑把に言って、拳銃弾でも1〜2キロ先まで届く。それほどの距離でも、なお人間を負傷させる運動エネルギーが残っているのだ。

ちなみに、「射程距離」という表現は間違い。射程の「程」一文字だけで距離を意味するから、「馬から落馬」とか「危険で危ない」の類と同様、おかしな日本語である。単に射程でよいのだ。

6　射撃名人と下手くそ、差はどこにある？

名人には、①癖のない構え方と、
②それを長時間維持できる筋力、③優れた視力が不可欠

▼射撃の技量は、人によって天地の差がある

スポーツ射撃や軍隊の競技大会で「射撃の名人」と称されるレベルの人がいる。そのような人は、2位以下に大差をつけて、ダントツの成績で優勝したりするものだ。一方で、筆者のような、射撃は好きだが成績が芳しくない人間もいる。この違いはどこにあるのだろうか？

射撃の腕は、ある程度のレベルを超えると天性の素質も重要になってくるようだが、やはり後天的な要素が大きい。

▼名人と凡人を分ける3つの要素

ではその要素には、どのようなものがあるのだろうか。

まず第一に、変な癖がないことだ。教育マニュアルに示されているような正しい構え方で撃つことは、自分でそうしているつもりでも意外と難しい。当然、癖が強すぎれば変な構え方になり、標的に当たらない。そうでなくても、癖があること自体が成長の上限を決めてしまう。

例えば、拳銃射撃の場合、半身になって構える「ウィーバー」では、右利きの射手で、首を必要以上に右に傾けて構えてしまう人がいる。また、ライフル射撃であれば、伏せ撃ちの際に銃を地面に対して水平ではなく、微妙に傾けて構える人もいる。

これは射手本人が、無意識のうちにそうした基本を外れた構え方をしているのであって、指摘されて初めて気付く「個癖」という。個癖は、第三者から指導・矯正されることで、ある程度射撃が上達すると言われる。しかし、個癖を矯正されても、知らず知らずのうちに戻ったり、他に妙な癖が出てきたりする人も多い。

2つ目に、「長時間、銃を保持できる筋力」もあるとよい。女性は、一般的に男性より筋力が劣りがちだから、この点では不利だ。しかし立射《りっしゃ》（立ち撃ち）では逆に男性よりも有利になる。なぜなら、女性はウエストよりヒップが張り出した体型であり、ヒップレストの射撃姿勢では男性よりも良く当たる。つまり、筋力に依存せず骨盤で銃を支えるのだ。

ちなみに、銃の保持で大切なのは、ライフル射撃であれば、銃の床尾《しょうび》（ストック部分）をしっかり肩付けすることだ。これが確実にできていれば、銃に添える手の位置が少々ズレていても、弾着が大きく外れることは滅多にない。

外れる場合は弾が右方向へ逸れてしまうことが多い。なぜなら大抵の銃は、射手が右利きであることを前提に設計されているが、右手の人差し指で引鉄を引くとき、銃口の先端

ヒップレストの立ち撃ち

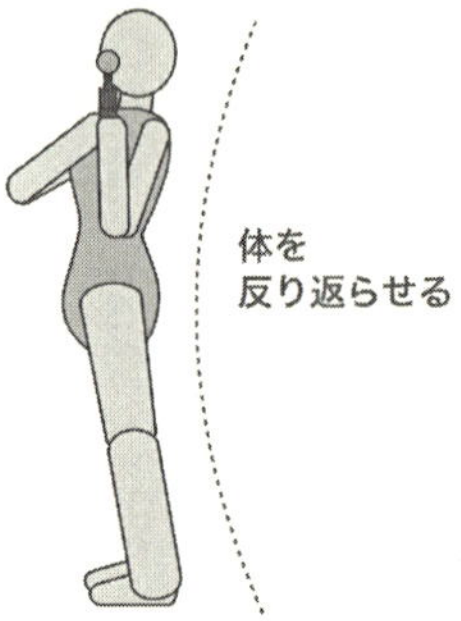

ヒップレストの立ち射ちとは、体を反り返らせる構え。射撃競技で採用される姿勢で、銃の重心と体の重心で支えるため安定性が高くなる

がわずかに右方向へ動くからだ。特に、強く引鉄を引いてしまったとき（ガク引き）は、弾は大きく右に逸れる。

最後の3つ目に、「視力」に優れていることも重要だ。「当たり前すぎるのでは？」と思えそうな要素だが、ここで言う視力とは、純粋に人間が本来持ち合わせている視力のことである。「物を捉える視力」でもないし、「動体視力」という意味でもない。物を捉える視力とは、それが何であるか識別する能力であって、生物学的に言えば、視力の良し悪しには無関係である。

7 自動拳銃の「自動」って、何が自動？

自動拳銃は、連続射撃に必要な「薬莢の排出」と「装填」作業を、自動で行なってくれる

▼自動拳銃（オートマチック・ピストル）の定義

自動拳銃（オートマチック・ピストル）とは言うが、一体何が自動なのか？

自動拳銃を撃つとき、まずは弾倉にタマを込めて銃にセットする。このときスライドを手で引いて、1発目を薬室へ送り込む必要はあるが、2発目以降は次々と撃てる。

自動拳銃では、タマを発射した後で「撃ち殻薬莢が飛び出す（＝排莢と言う）」ようになっている。その後に「次のタ

マが薬室へ送られる（＝送弾または装填）ことで、再び発射の準備が整う仕組みだ。つまり、「薬莢の排出と次弾の装填が自動で行なわれる」から「自動拳銃」と呼ばれるのである。

その方法を大別すれば、火薬の燃焼ガスが薬莢を押す力を利用する「ブローバック（吹き戻し）式」や、拳銃を撃ったときに生じる力＝反動を利用して行なう「反動利用式」などがある。

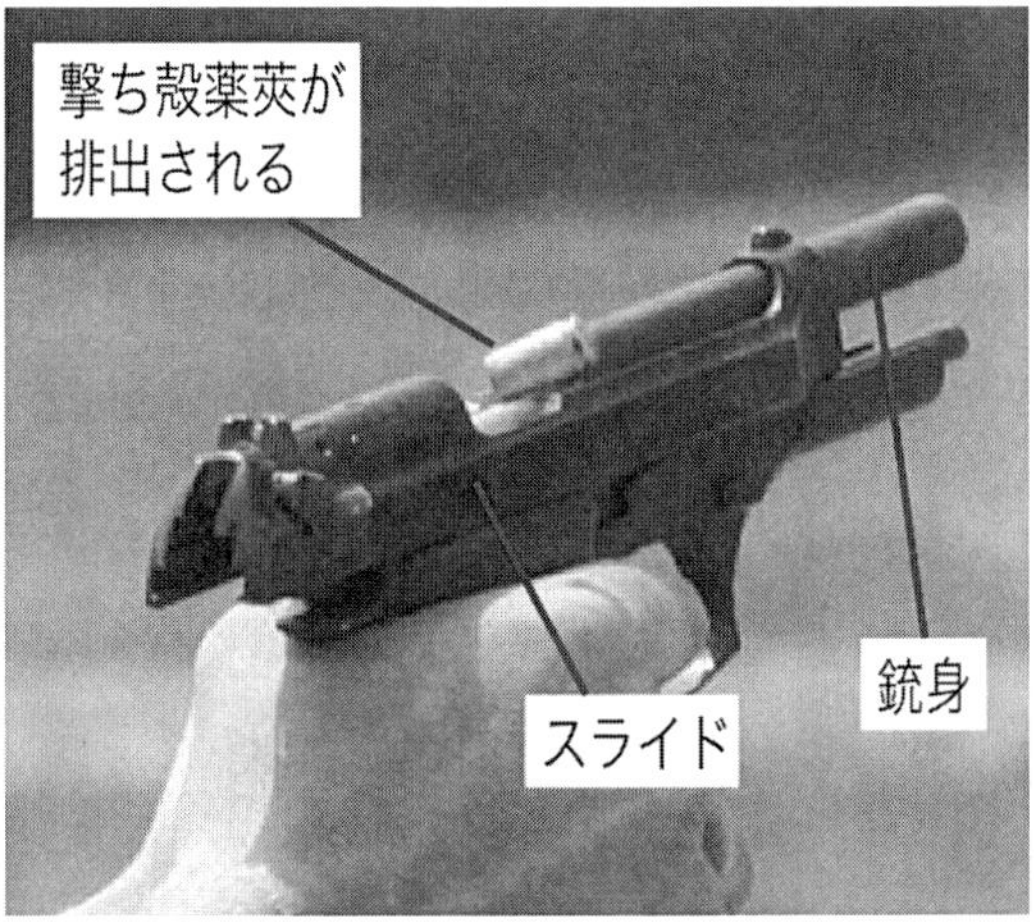

ショート・リコイルの代表的な半自動拳銃、M9の発射直後の状態。スライドが後退し、撃ち殻薬莢が排出されているのが確認できる

火薬量の大きなタマを使うブローバック式の拳銃では、吹き戻しの圧力が高く危険なため、銃身がスライドと一緒に後退するようになっている。この距離が短いものを「ショート・リコイル」、長いものを「ロング・リコイル」と呼ぶ（現在の主流はショート・リコイルで、ロング・リコイルはあまり使われていない）。

▼セミオートとフルオート

また自動拳銃には、引鉄を引く度に1発撃てるセミ・オートマチック（半自動＝単発とも言う）と、引鉄を引き続けると、ダダダダ……と撃てるフル・オートマチック（全自動＝連発）がある。全自動で撃てる拳銃は少ないが、それらはマシンピストルとも言う。

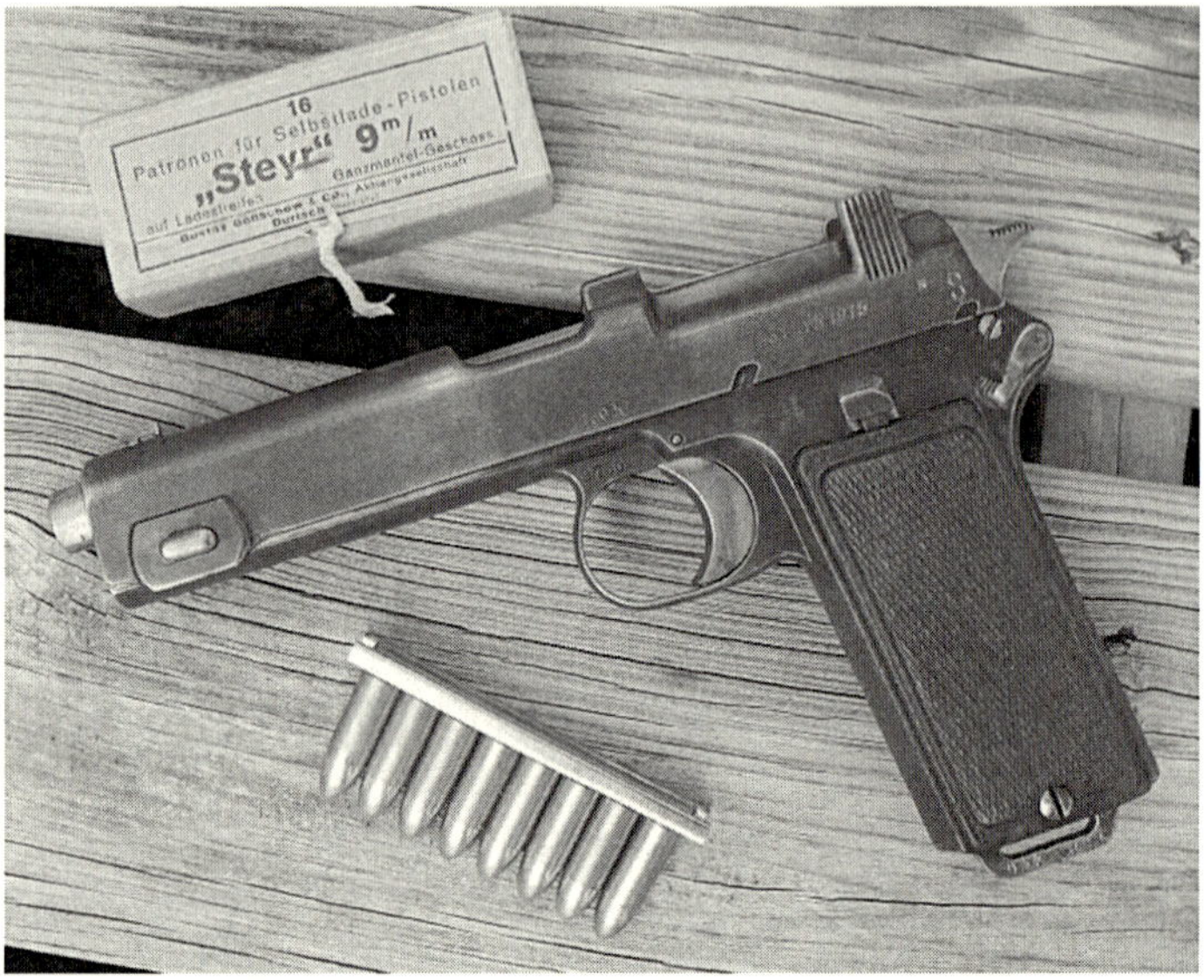

マシンピストルのひとつ、ステアーM1912（Photo：Drake00）

8　リボルバーはピストルではない？

米国政府の定義では、リボルバーはピストルではない。時代・国によって銃の定義は異なる

▼「ピストル」とは何か

一般的に「リボルバー」と言えば、蓮根型のシリンダーと呼ばれる、薬室を兼ねた弾倉を持ち、装弾数が5～6発の拳銃を意味する。このリボルバーと自動拳銃などを総称して、昔は「ピストル」と呼んでいた。

このピストル、中世イタリアの町「ピストイア」や、チェコ語で笛やパイプを意味する「ピスタラ」が語源と言われるが、定かではない。

ところが、現代の米国では、必ずしも拳銃をピストルとは呼ばない。「オートマチック・ピストル」と呼ぶことがあっても、「リボルバー・ピストル」とは呼ばない。

また、民間ではリボルバーをピストルと呼ぶことがあっても、米軍のマニュアルなど、合衆国の公文書ではそう表現されない。合衆国政府の定義では、「1本の銃身につきひとつの薬室を持つ拳銃」がピストルだそうだから、リボルバーはピストルではない、ということになってしまう。

旧日本陸軍が使用した、中折れ式リボルバーの「二十六年式拳銃」。今や貴重な１挺だ（Photo：かの よしのり）

▼米国は拳銃を「ハンドガン」と総称する

米国における拳銃の総称としては、今日では「ハンドガン」の方が一般的だ。つまり、自動拳銃やリボルバーをまとめてハンドガンと呼ぶのである。もっとも、これは米国に限ってのことで、ヨーロッパでは、リボルバーもピストルに

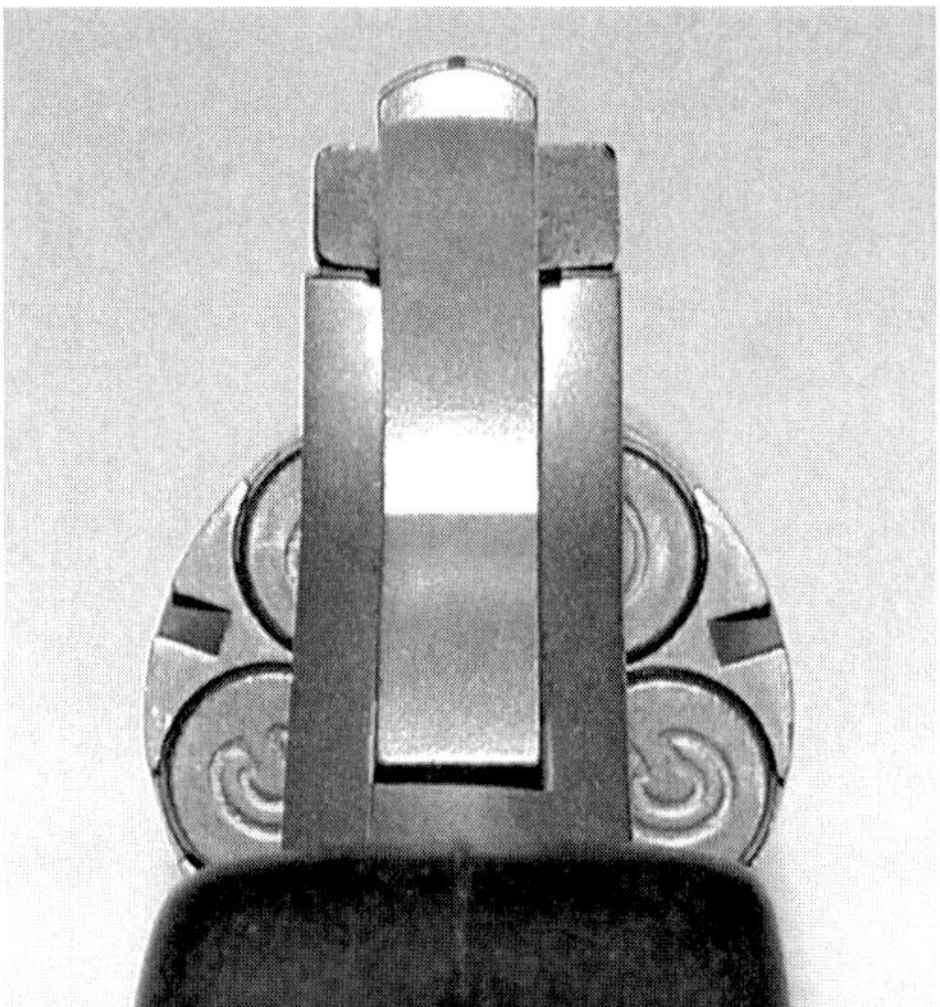

後部から見たリボルバー。蓮根型のシリンダー内には、装填できるタマの数だけ薬室がある。つまり米国の定めたピストルの定義からは外れてしまう

含まれる。

一方日本では、自衛隊は「拳銃」と記述するが、警察では「けん銃」と書く。新聞などでは、「短銃」という表現もよく目にする。日本でも、銃の名称や定義に不統一があるのだ。

9　拳銃のタマはどうやって装填する？

リボルバーはシリンダーに1発ずつ装填する。

自動拳銃は弾倉を変えてスライドを引くだけ!

▼リボルバーの装填

タマを装填する方法は、リボルバーと自動拳銃ではかなり異なる。なぜなら、それぞれの銃は、構造が全く違うからだ。

まず、リボルバーだが、これはシリンダーと呼ばれる回転式の弾倉にタマを装填する。その方式には、さらにいくつかある。

西部劇の銃として有名な「コルト・ピースメーカー」の時代は、シリンダーの穴に1発目のタマを込めてシリンダーを

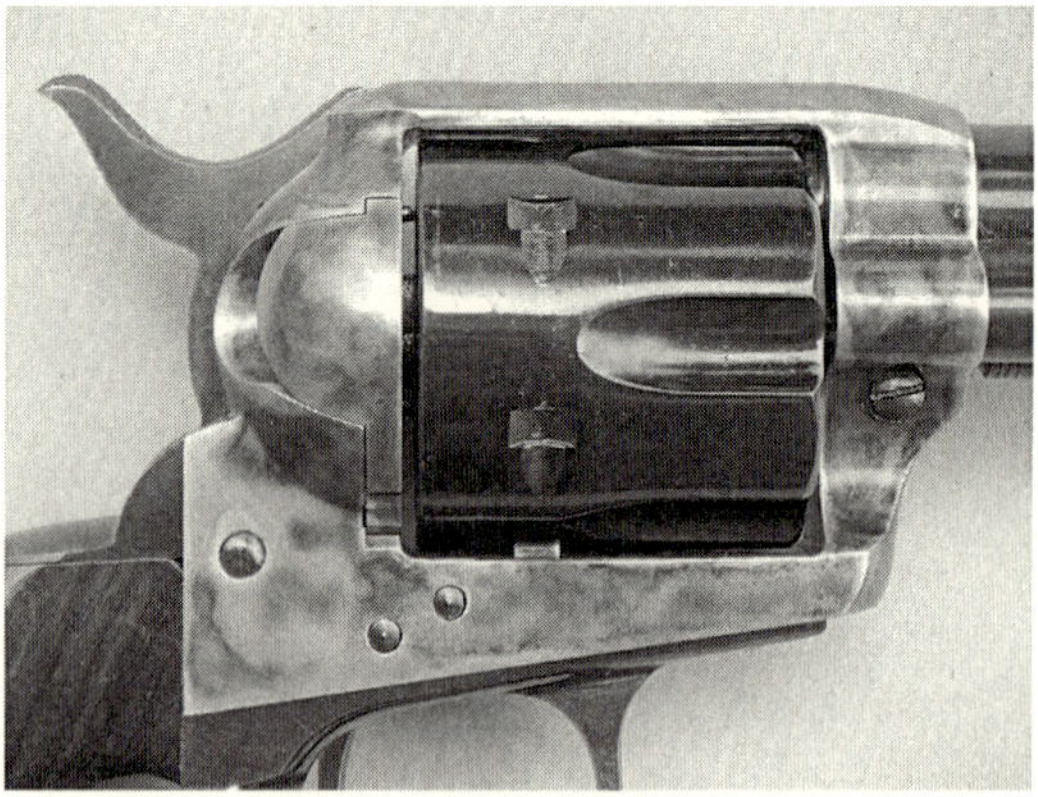

コルト・シングル・アクション・アーミー（通称「ピースメーカー」）のシリンダー部

手で回し、2発目のタマを詰めたら再びシリンダーを手で回し……というのを繰り返す方式だった。

これでは面倒なので、銃のフレームにシリンダーを前方へ倒すための軸を設けた「元折れ式」のリボルバーが登場し、シリンダーを手で回す必要がなくなった。その後、シリンダーを左に振り出す「スイングアウト式」が主流となり、現代に至っている。

いずれも、タマを込めたらシリンダーを元に戻せば装填完

了だ。

▼自動拳銃の装填

では、自動拳銃の場合はどうか。古い銃に例外はあるが、大抵は次のような手順でタマを装填する。

まず、銃を握るグリップ部分付近にレバーやボタンがあるので、これを操作して弾倉を抜く。抜いた空の弾倉にタマを込めたら、銃に再び弾倉をセットする。そして銃のスライドを引いてから離せば、初弾（弾倉内の1発目）が薬室に送り込まれ、装填完了となるのだ。

このようにして、「元折れ式リボルバー」にタマを装填する。写真左下に見えるのが、シリンダーを倒すための軸

10 「シングルアクション」と「ダブルアクション」とは何が違う？

どちらも銃のメカニズムで、撃つ前に手動で「撃鉄を起こす」必要があるかどうかの違い

▼ふたつのアクションはどう違う？

まず、シングルアクションから解説しよう。

すでにタマが装填された状態から、リボルバーを撃とうとするときの話だ。撃つ前の時点では、撃鉄（ハンマー）は倒れていて、引鉄を引いても撃鉄が起きない。

そこで、撃鉄を指で起こすと、シリンダーがタマ1発分だけ回転する。この状態で引鉄を引くと発射できる。つまり、

「1発撃つごとに、撃鉄を起こす」動作が必要となる。

一方、ダブルアクションは、引鉄を引くと連動して撃鉄も起き、自動的に1発分シリンダーが回る。引鉄を引き切ったところで発射する、という構造だ。

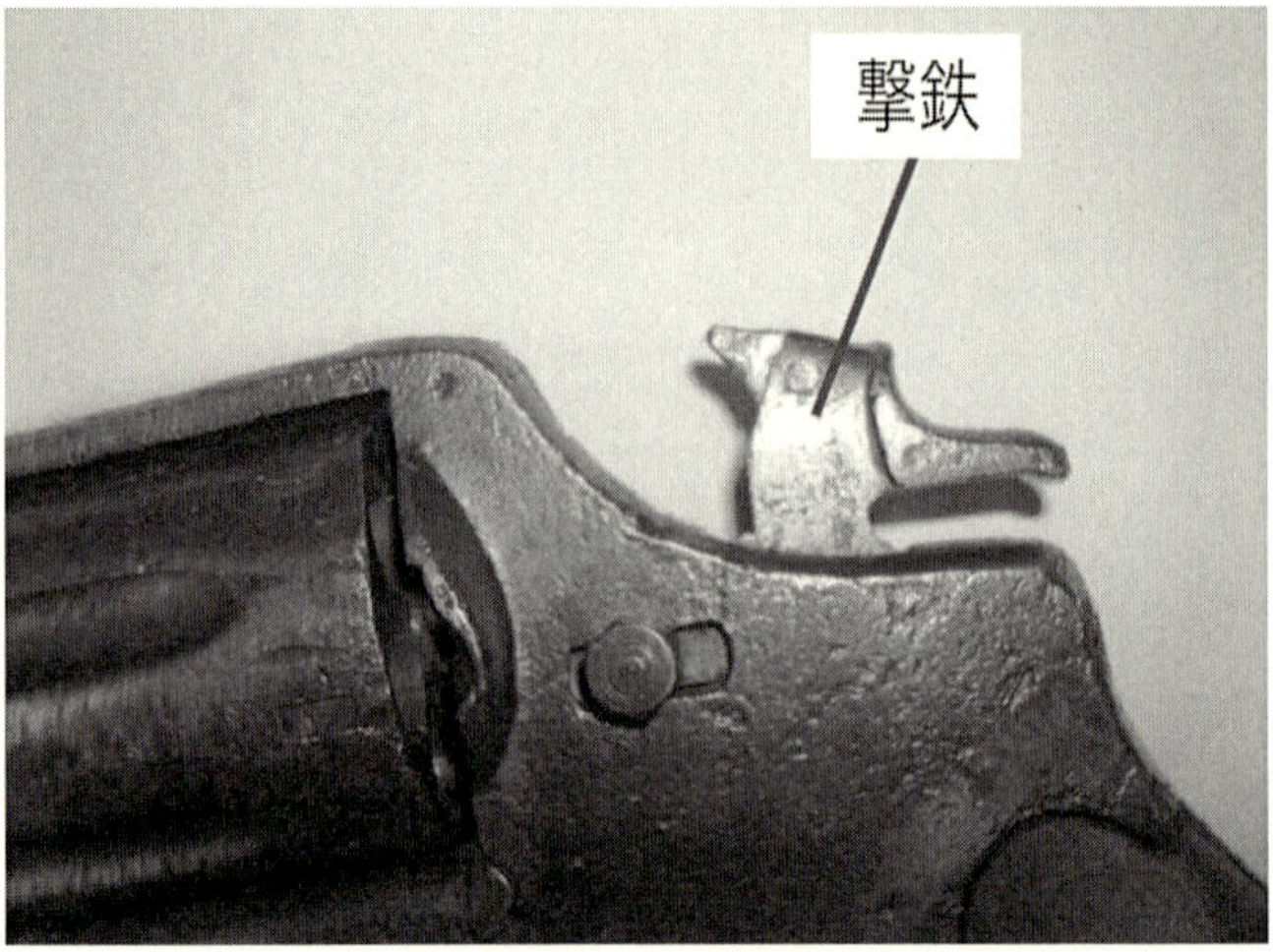

リボルバーの撃鉄を起こした状態（Photo：Nerijp）

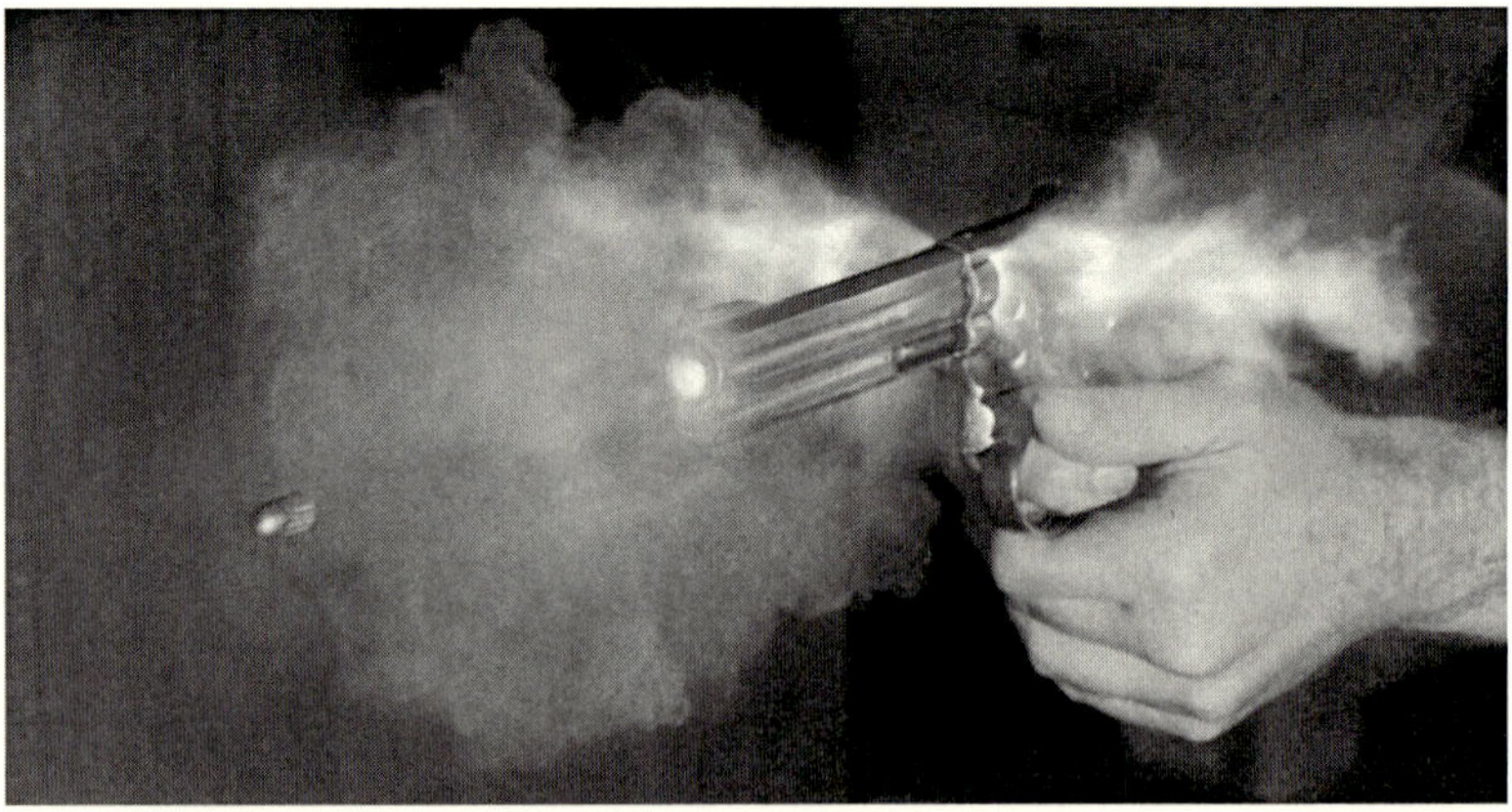
ダブルアクションのS&W M686。引鉄を引くだけで発射できる（Photo：Niels Noordhoek）

いちいち撃鉄を指で起こす必要がなく、いきなり引鉄を引いて直ぐに撃てる。つまり、「引鉄を引くだけで、撃鉄が連動して撃てる」のがダブルアクションである。

　現代は、ダブルアクションのリボルバーが主流だが、これらはシングルアクションとしても撃てる。

▼自動拳銃にもシングル／ダブルの違いがある

　また自動拳銃にも、シングルアクションとダブルアクションがある。自動拳銃は、タマが装填された状態では撃鉄が起きている。このとき、射手が直ぐに撃たないなら、危険だから撃鉄をゆっくりと戻すだろう。その後、射撃を再開するとき、撃鉄を起こさないと撃てないのがシングルアクション、引鉄を引くだけで、撃鉄が連動して撃てるのがダブルアクションだ。

　ちなみに、シングルアクションやダブルアクションの「アクション」とは、メカニズムの動作を指している。これを人間の動作と誤解すると、まったく反対の意味になってしまうので注意が必要だ。

11　S&W社とコルト社のリボルバーは、どう違う？

同じリボルバーでも、シリンダーの回転方向が逆！

その他の細部も意図的に変えてある

▼米国老舗リボルバー・メーカー同士の因縁

　S&W（スミス&ウェッソン）社は、１８５４年に設立された米国の銃器メーカーだ。社名は、創業者のホレス・スミスとダニエル・ウェッソンに由来する。

　一方、コルト社は１８４７年設立と、S&Wよりも少しだけ老舗だ。こちらも、創業者サミュエル・コルトの名を冠している。

　古くからリボルバーをつくり続けてきた両社は激しいライバル関係にあり、１５０年ほど前には裁判争いまで起きている。両社のリボルバーの相違点は、それぞれ独自性を追求した結果と言える。

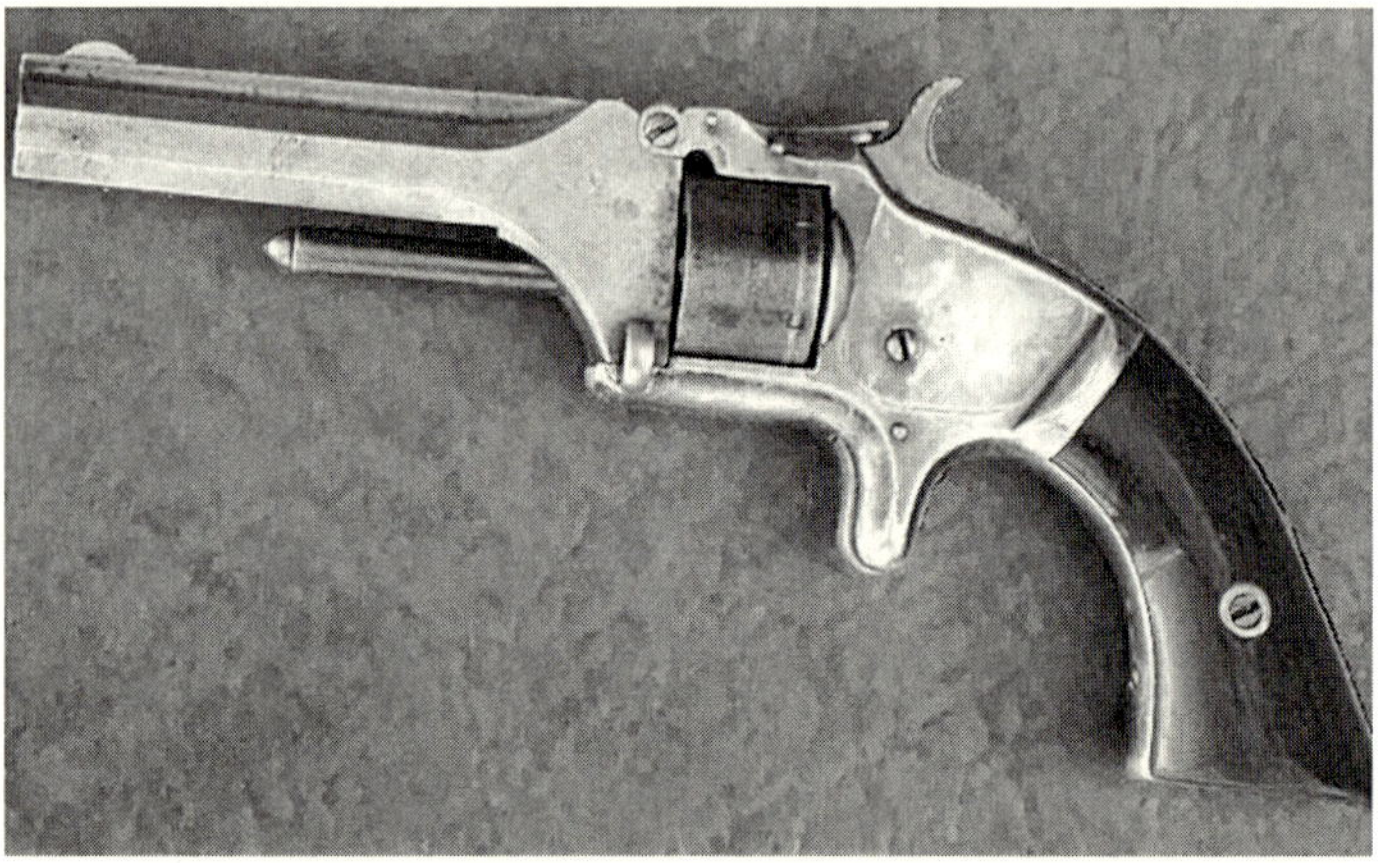

リボルバーの撃鉄を起こした状態（Photo：Nerijp）

▼両社は可能な限り、相手の逆を行なう

ではどう違うのか？　まず、シリンダーの回転方向だが、Ｓ＆Ｗが「左回り」なのに対して、コルトは逆の「右回り」だ。

シリンダーをスイングアウトさせるとき、Ｓ＆Ｗはサムピースという部品をシリンダーの方へ「押す」が、コルトは逆方向に「引く」し、その部品名称もシリンダー・ラッチと呼ぶ。

ただ、さすがにスイングアウトの方向は、両社同じく左側となっている。右手に銃を持つ前提で設計しているから、右側にスイングアウトしたらタマ込めが面倒だからだ。

このように、両社のリボルバーは、細かい部分の方式や部品の形状・名称が異なる。しかし、リボルバーとしての基本的概念、つまり蓮根型の薬室を兼ねた弾倉（シリンダー）を備えた回転式拳銃、という点に変わりはない。

コルト・パイソンのシリンダーをスイングアウトさせた状態
（Photo：Stephen Z）

12　44マグナムを片手で撃つと、肩を脱臼する？

片手で撃てるように設計されているので心配無用。ただし、筋肉痛にはなるかも？

▼「ハリー」が愛用した強力リボルバーＭ２９

今から30年以上も昔、クリント・イーストウッド主演のアクション映画で「ダーティ・ハリー」というのがあった。44マグナムの名を世に広めることになった作品だ。

本来、44マグナムというのは銃ではなく、英語で「酒樽」、ラテン語で「大きい」を意味する弾薬の商品名なのだが、いつしか44マグナム弾を使う銃の代名詞となってしまった。

「ダーティ・ハリー」でスクリーンに登場したのは、S＆W社のＭ29というリボルバーで、映画のヒットにより米国ではこの銃がバカ売れした。その影響か、日本でもＭ29のモデルガンを買ったマニアは当時大勢いただろう。

現在でこそ、Ｍ29より強力なリボルバーも存在するが、当

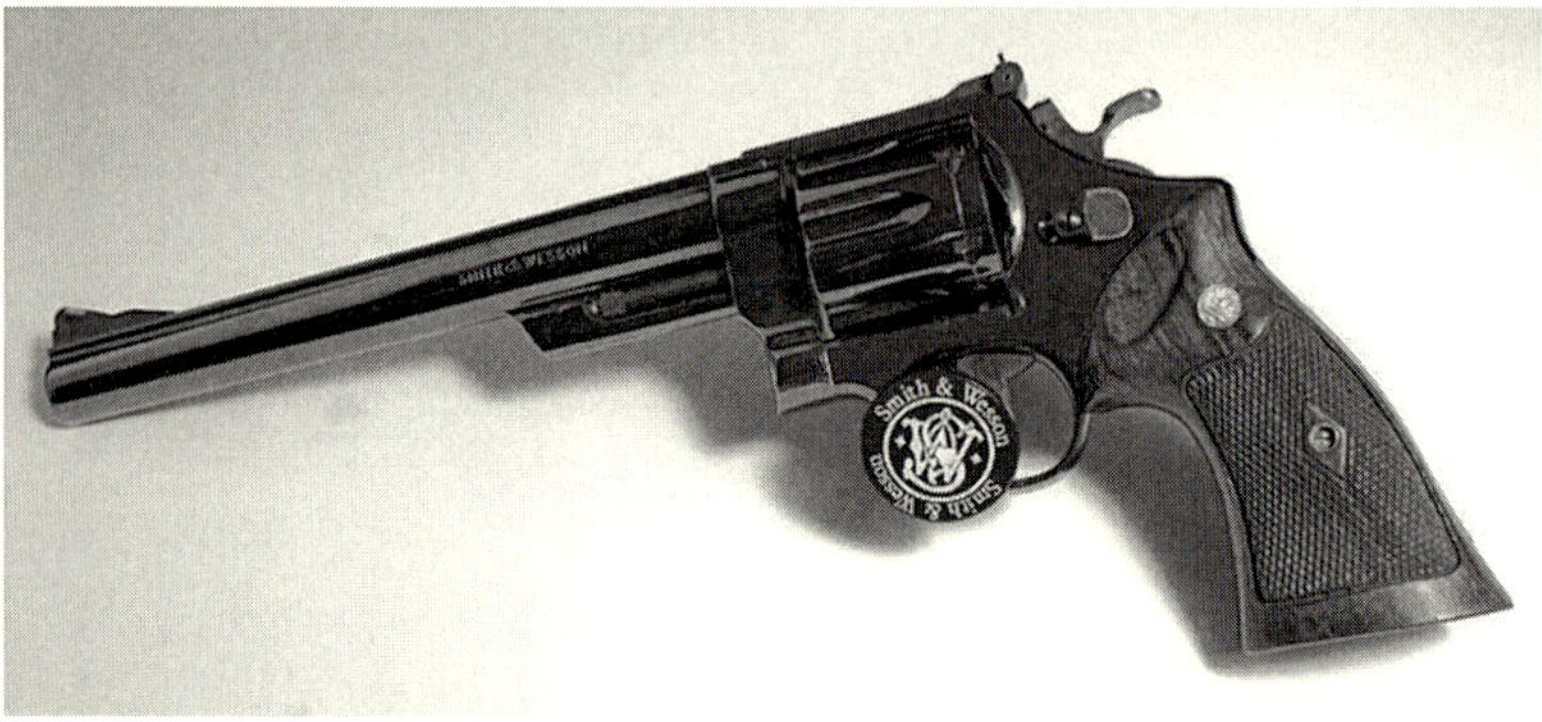

S＆W社のM29リボルバー（Photo：Stephen Z）

時は世界一強力な拳銃とされていた。この謳い文句は伊達ではない。

使用する44マグナム弾は、弾頭の重量や発射薬の量で微妙に異なる数種類が市販されているが、一例を挙げれば、15・6グラムの弾頭を毎秒440メートルで発射できる。これは、レンガやコンクリートブロックを破壊するほどの運動エネルギーを持つ。

▼すべての拳銃は片手撃ちができる

そのあまりの威力の高さから、M29を片手で撃つと反動で肩を脱臼する——そんな噂が流れたこともあった。しかし、これはチト大げさだ。

一般的に銃の反動は、弾丸の運動エネルギーに比例する。だから、38口径の小さなタマを使うリボルバーよりも、当然ながらM29の反動の方が強い。片手で撃つと、M29の銃口が約45度の角度で跳ね上がるほどだ。

しかし、いかなる拳銃でも、片手で撃てるように設計されており、肩を脱臼する心配はない。

ただし、初心者が海外で射撃する場合、44マグナム弾を何十発も片手で連続射撃すれば、筋肉痛になることはあるだろう。

13　一発で熊を倒せる拳銃は存在する？

M29の3倍の威力のモンスター銃、M500ならイチコロ！
ただし反動もM29を上回る

▼M29を凌駕するリボルバーの王

44マグナム弾を使用するS&W社のM29は、長らく世界一強力なリボルバーだった。ところが、2003年に「一撃で象や熊を倒せる」というキャッチフレーズとともに華々しくデビューしたのが、S&W社のM500である。

M29は、15・6グラムの弾頭を毎秒440メートルという高初速で発射するが、M500はそれを大きく上回り、28・5グラムの弾頭を毎秒427メートルで発射する。つまり、M500の運動エネルギーは、M29の3倍も強力なのだ。これなら、象だろうが熊だろうが、まさにイチコロではないか。

強力な弾薬を使う「S&WM500」は、熊も倒せる史上最強のリボルバーである（Photo：かの よしのり）

▼強烈な反動はマズルブレーキで逃がす

その分反動は、M29とは比較にならないほど強烈だという。しかし、そもそも拳銃として設計するからには、片手で撃てなくてはならない。

そこで、射手が怪我をしないように、M500の銃口部には「マズルブレーキ（銃口制退器）」と呼ばれる部品が内蔵されている。これには、銃口から出る発射ガスを拡散させ、反動を軽減させる効果があるのだ。おかげで、片手で撃っても肩を脱臼することはない。

グリズリーと呼ばれる獰猛な巨大熊と、山中でバッタリ出くわしたとき、運悪く猟用の大口径ライフルが故障してしまった……そのとき、頼れるバックアップ・ガンとなるのがM500である。

14 自動拳銃とリボルバー、どちらが強い？

戦争なら装弾数が多く、装填も簡単な自動拳銃、決闘なら故障しにくいリボルバーがオススメ

▼自動拳銃の特徴は

自動拳銃にもリボルバーにも、それぞれ長所・短所がある。まず、自動拳銃の長所だが、1挺あたりのタマ数が多いこと。装弾数が十数発、という銃も珍しくない。タマを撃ち尽くした後の再装填も迅速にできる。

反面、構造が複雑なため、銃の信頼性は100%とは言えない。弾薬を薬室へ送り込めない「送弾不良」や、撃ち殻薬莢が排出されずに詰まる「排莢不良」、いわゆる「ジャム」が起きたりする。

▼リボルバーの特徴は

一方、リボルバーの長所は、何と言っても信頼性の高さだ。構造が単純で故障しにくく、自動拳銃のようなジャムは

起きない。だが、装弾数は5～6発と少なく、自動拳銃より再装填に時間がかかる。

結論を言えば、自動拳銃の方が有利ではあるが、絶対的とまでは言えないだろう。自動拳銃であれリボルバーであれ、戦う場所や気象条件、はたまた射手の腕など、状況によって有利な場合もあれば、不利になることもある。

実際はありえないが、もし軍隊同士が互いに拳銃だけを使って撃ち合いするならば、断然、自動拳銃の方がよい。しかし、西部劇でよくある決闘のように1対1で、距離はせいぜい10メートル、それも数発でケリをつける腕があるなら、リボルバーだろう。

自動拳銃の「ジャム」の一例。撃ち殻薬莢が排出されずに詰まってしまった状態（Photo：Warnichtmehrfrei）

15　金属探知機に反応しない、プラスチック製の拳銃がある？

フレームのみ樹脂性の銃は存在する。プラスチックだけでは、まだまともな銃はつくれない

▼ポリマー樹脂製の拳銃たち

オーストリアが開発したグロック17は、ポリマー樹脂を使用したプラスチック製の拳銃だ。もっとも、フレーム部分がポリマー樹脂製なだけで、スライドや銃身、内部メカニズムの部品は金属でできている。

プラスチック製拳銃のグロック17

グロック17登場以前にも、ドイツのH&K（ヘックラー・ウント・コッホ）社製のVP70という拳銃があったが、これもフレームのみ樹脂製だ。

だから、一部の映画の描写にあるように、空港のX線検査に引っかからないとか、金属探知機に反応しない、ということはない。

ポリマー樹脂で拳銃を作るメリットと言えば、それは軽量化のためだ。従来の全金属製拳銃で、グロック17と同じくらいの大きさなら1重量は1キロ程度になるが、グロック17は約700グラムと軽い。

▼3Dプリンタ製の銃は使い物になる？

では、拳銃をオール樹脂製にできるのだろうか？　最近、マニアの間で「3Dプリンタ」が話題である。簡単に言えば、プラスチックの材料を機械に入れると、ソフトウェアが設計図に基づいて自動成型してくれる仕組みだ。この3Dプリンタで拳銃が作れないか、そう思う人もいるだろう。

実際に米国では「リベレーター（第二次大戦時のレジスタンス用単発銃と同名）」という3Dプリンタ製の銃もある。

しかし、火薬の力でタマを飛ばすなら、3Dプリンタ製の銃では撃った瞬間に銃そのものが破壊される恐れがある。

そしてもちろん、日本で銃を密造すれば「武器等製造法違反」および「銃刀法違反」で御用となる。

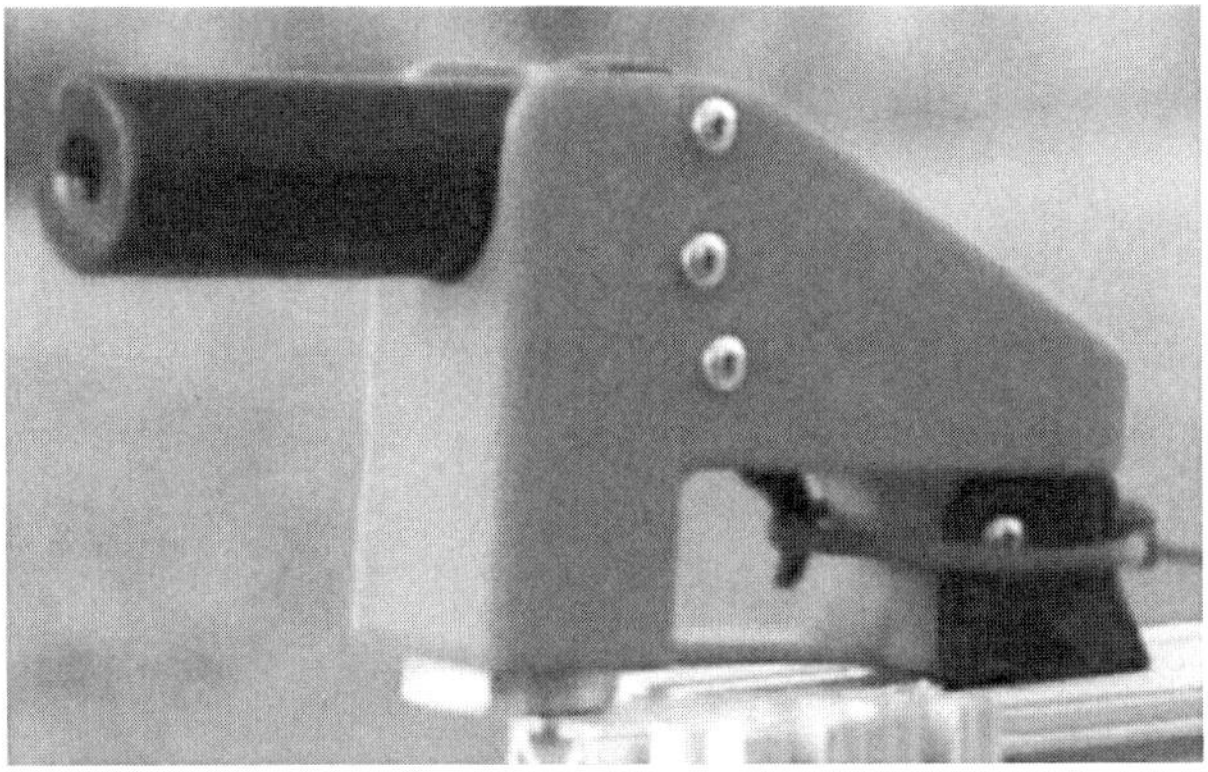
３Ｄプリンタでつくられたとされる銃

16 戦争で拳銃は自決専用？

あくまでもバックアップ用だが、
過去の戦争では、さまざまな場面で拳銃が活躍した

▼戦場ではどのように使われるのか

軍用拳銃は「将校の護身用」というイメージがある。１０0名以上の部下を率いる中隊長ともなれば、大抵の国で装備している。下級将校でも、拳銃を装備していて珍しくない。戦車兵やパイロットの護身用にはもちろん、近年では下士官以下の一般歩兵でも、アサルトライフルのバックアップ用に使う。

一方旧ソ連などでは、拳銃は味方を撃つための武器でもあった。「督戦隊」と呼ばれた部隊で、敵前逃亡を図る味方の兵士を撃つ道具として使用したのだ。また、指揮官が命令に従わない部下を撃つためにも使用された。

▼拳銃の価値は携帯性にある

そうした特殊な用途ばかりでなく、拳銃のおかげで窮地を脱した事例も多い。かつて英国首相だったチャーチルが、騎兵として戦ったとき、優勢な敵に包囲されながらも、モーゼル拳銃1挺で命拾いしている。

それでも、「現代戦で拳銃は役に立たない。せいぜい自決用だ」と言う人もいる。しかし、拳銃は威力も射程も小さいが、携帯性にこそ価値があるのだ。

ちなみに、どうやって拳銃で自決するのか？　軍人が「もはや、これまで」と拳銃自決するとき、撃つ箇所によっては失敗することがある。こめかみに拳銃を当てて引鉄を引いても、死なずに助かった事例すらあるのだ。そこで、銃口をくわえて撃つ。「脳幹」を吹き飛ばせば、確実に死ねるのだ。

17 サイレンサーで銃声は消える？

排莢口から音が漏れるため、「減音」が実際のところ。リボルバーでは無意味

▼消音器は隠密作戦で使用される

そもそも消音器（サイレンサー）とは、特殊部隊や暗殺者などが銃声を小さくするために用いるものだ。

特殊部隊の場合であれば、作戦地域へ隠密潜入することが多いから、標的となる人物の仲間に銃声を聞かれたくない。重要人物の暗殺を目的とした射手だって、街中で銃撃する場合は周囲に気付かれたくはないだろう。そこで消音器の出番となる。

▼銃声を完全に消すことはできない

ただし、銃に消音器を取り付けたからといって、全くの無音にはならない。自動拳銃を撃つと、スライドが後退して排莢口から撃ち殻薬莢が飛び出す。このとき、銃声の高音域が

拳銃とアサルトライフル、サブマシンガンに取り付けられたサイレンサー。下からＳＩＧモスキート、ベレッタ92ＦＧ、ＨＫ ＵＳＰタクティカル、ＲＲＡ AR-15、ＩＭＩ ウージー

カットされるとともに、大部分は消音器で減音されるが、排莢口から音が漏れるのだ。一方、リボルバーの場合はシリンダーの隙間から音が漏れるから、ほとんど消音効果は期待できない。

では、消音器付きの銃は、どのような射撃音がどの程度の音量で発生するのか？

米軍の特殊部隊員によれば、音の大きさは確実に１００デシベル以下になるという。拳銃やサブマシンガンなら、映画の効果音に近い「プシュッ」とか「バスッ」という音がするそうだ。

消音器は英語で「サイレンサー」であり、この名が一般に定着しているが、「減音器（サウンド・サプレッサー）」とも表現される。実際の能力を考えれば、後者の方が正しい呼び方と言えるだろう。

余談だが、漫画などの描写で消音器を懐から取り出し、クルクルと回して拳銃の銃身にネジ込む場面を見かける。しかし、銃身にネジが切ってある様子はない。これはちょっと変ではないか？　本来、あらかじめネジを切ってある専用の銃身に交換していない限り、その場で装着できないものだ。

サイレンサーには後付で着脱できるもの（マズル・タイプ）と、銃に内蔵されているもの（インテグラル・タイプ）がある。写真は後者を装備したサブマシンガンH&K MP5SD3。銃身全体を囲い込む設計であり、より高い消音効果となる

18 自衛隊の拳銃は、ベアリング製造会社が作っている?

拳銃に限らず、日本の防衛装備品の多くは、本業を別に持つ企業が「片手間」でつくる

▼スイス製拳銃をライセンス国産する日本企業

現在、自衛隊が装備している「9ミリ拳銃」だが、これは純国産ではない。スイスのSIG（シグ）ザウエルP220という拳銃を、図面を元に「ミネベア株式会社」が国産化したものだ。これをライセンス国産と呼ぶ。

このメーカー、実は銃器製造が専門ではなく、本業はベアリングやモーターおよび計測機器などの製造である。特に、外形30ミリ以下という極小サイズのベアリングでは、世界的シェアを持つ。

「９ミリ拳銃」は、ＳＩＧザウエル社のＰ２２０（写真）を、日本のミネベア社がライセンス生産したもの（Photo：Rama）

▼ミネベアの歴史

ミネベア株式会社は昭和26年（１９５１）の創業で、元々の社名は「日本ミネチュアベアリング㈱」だった。ＮＭＢと略称されたが、当然ながら某アイドルグループとは何の関係もない。

防衛関連事業に参入して銃器製造を開始したのは、昭和50年（１９７５）に「新中央工業㈱」を買収してからである。

ちなみに、新中央工業㈱の前身は「南部銃製造所」といい、戦前に南部十四年式拳銃などの設計をしたことで知られる「南部麒次郎」が所長だった。このため、ミネベアが開発した警察向けの国産リボルバー「ニューナンブＭ60」や、自衛隊向けに試作した「ニューナンブＭ66短機関銃」などに、南部の名を冠している。

ミネベア社に限らず、日本の防衛産業関連企業は、そのほとんどが何らかの本業を持ち、片手間で防衛装備品を製造しているに過ぎない。

19 安全装置がない拳銃もある？

別の仕組みで暴発を防いでいる。
コストダウンのために安全装置を付けない銃も存在する

▼安全装置はスライドや引鉄を固定するもの

そもそも、自動拳銃の安全装置とは、大抵はスライド部分などの外部に付いたレバーなどを指す。親指でこのレバーを操作し、スライドを固定したり、引鉄を固定するから、これを英語で「マニュアル・セーフティ（手動安全装置）」と呼ぶ。撃つときは、この安全装置を外せばよい。

第二次世界大戦時の拳銃で、旧ソ連製の「トカレフT33」というのがある。拳銃に関心がない日本人でも、その名を聞いたことがあるだろう。何しろ、暴力団や犯罪者が使う、悪名高き拳銃だからだ。

実はこのトカレフ、安全装置が付いていていない。こう書くと、「タマが装填されていたら暴発するのでは？」と思う人もいるに違いない。

トカレフT33。生産性向上のため、構造を徹底的に単純化してある（Photo：Atirador）

▼安全装置に頼らない安全機構

実は、安全装置がない自動拳銃はほかにもいくつか存在する。ただもちろん、そのかわりに何らかの安全機構が組み込まれているものだ。

例えば、自衛隊の９ミリ拳銃（Ｐ２２０）にも安全装置はないが、デコッキング・レバーという部品がその役目を果たす。これは、撃鉄（ハンマー）をハーフコックの位置で固定するもので、この状態で引鉄は引けないから撃鉄も落ちない、という仕組みだ。

前述のトカレフには、デコッキング・レバーに該当するものすら付いていない。唯一の安全対策は、撃鉄を手動でハーフコックにすることだ。製造工程の簡略化を重視した結果、安全対策が軽視されることになったのである。

ただし、ここで注意が必要なのは、安全装置の有無にかかわらず、タマを装填した状態の銃を地面に落とせば、いかなる銃でも撃鉄が落ちて暴発する可能性があることだ。

９ミリ拳銃のデコッキング・レバー（Photo：100yen）

20　リボルバーを超高速で撃つ方法がある？

基本はない。西部開拓時代に、
変則テクニック「ファニング」が苦肉の策で編み出された

▼骨董リボルバーは連射が苦手

西部開拓時代の拳銃は、シングルアクション方式のリボルバーだった。つまり、1発ごとに撃鉄を起こして撃つわけだ。大抵の西部劇に登場する、コルトの「ピースメーカー」も同様である。

しかし、この方式のリボルバーでは、ファスト・ドロウ（素早く抜いて撃つ）こそ可能だったが、連続で射撃するのは困難だった。

当時はすでにガトリングガンが存在したものの、個人携行が可能なサブマシンガンはもちろん、マシンピストルさえない時代だ。

予期せず敵とバッタリ出くわしたときなどに、続けて何発もタマを発射できる方法はないのだろうか？

▼反対の手で撃鉄を叩き続ける「ファニング」

そこで、「ファニング」という射法が編み出された。この方法だと、シングルアクション方式のリボルバーでありながら、「ババババババン！」と続けて撃てた。

拳銃をホルスターから最短距離で引き抜き、腰の位置で構えて、引鉄を引きっぱなしにする。この状態で、反対側の掌で撃鉄を叩き続けるようにするのだ。

もちろん、このファニングは、正確に照準して撃つわけではないから、命中精度は期待できない。しかし、至近距離で敵と対決する場合や、大勢の敵と戦う際には有効だったろう。ファニングで敵がひるんだ隙に、「逃げるが勝ち」とばかりに脱出するのだ。

映画『シェーン』でファニングによる早撃ちを見せるアラン・ラッド。ポイントは左手で撃鉄を連続して叩くところにある

21　拳銃をズボンに突っ込むプロなんているる？

動きづらいためプロは必ずホルスターを使う。ただしズボン内に隠せる特殊ホルスターも

▼用途に応じてさまざまなホルスターがある

しばしばアクション映画などで、刑事や犯罪者が敵から奪った拳銃をズボンの前後に差し込んだまま歩き回る姿を目にする。これは実際に銃を扱うプロも行なうのだろうか。本来、拳銃を差しておく道具として、ホルスターが存在する。ホルスターは銃を保護すると同時に、携帯を安全かつ容易にするアイテムだ。

ホルスターを大別すれば、腰に付ける「ヒップ・ホルスター」と、腋の下に吊る「ショルダー・ホルスター」がある。特に後者は、私服刑事が拳銃を懐に忍ばせるための物、と言ってよい。米国では、「コンシールド・キャリー」と言って、私服刑事などが職務上の必要性から、銃を隠し持つこと

が許可されている。
他に、ズボンの内側に装着して隠す「インサイド・パンツ・ホルスター」や、女性が足首に装着して隠し持つための

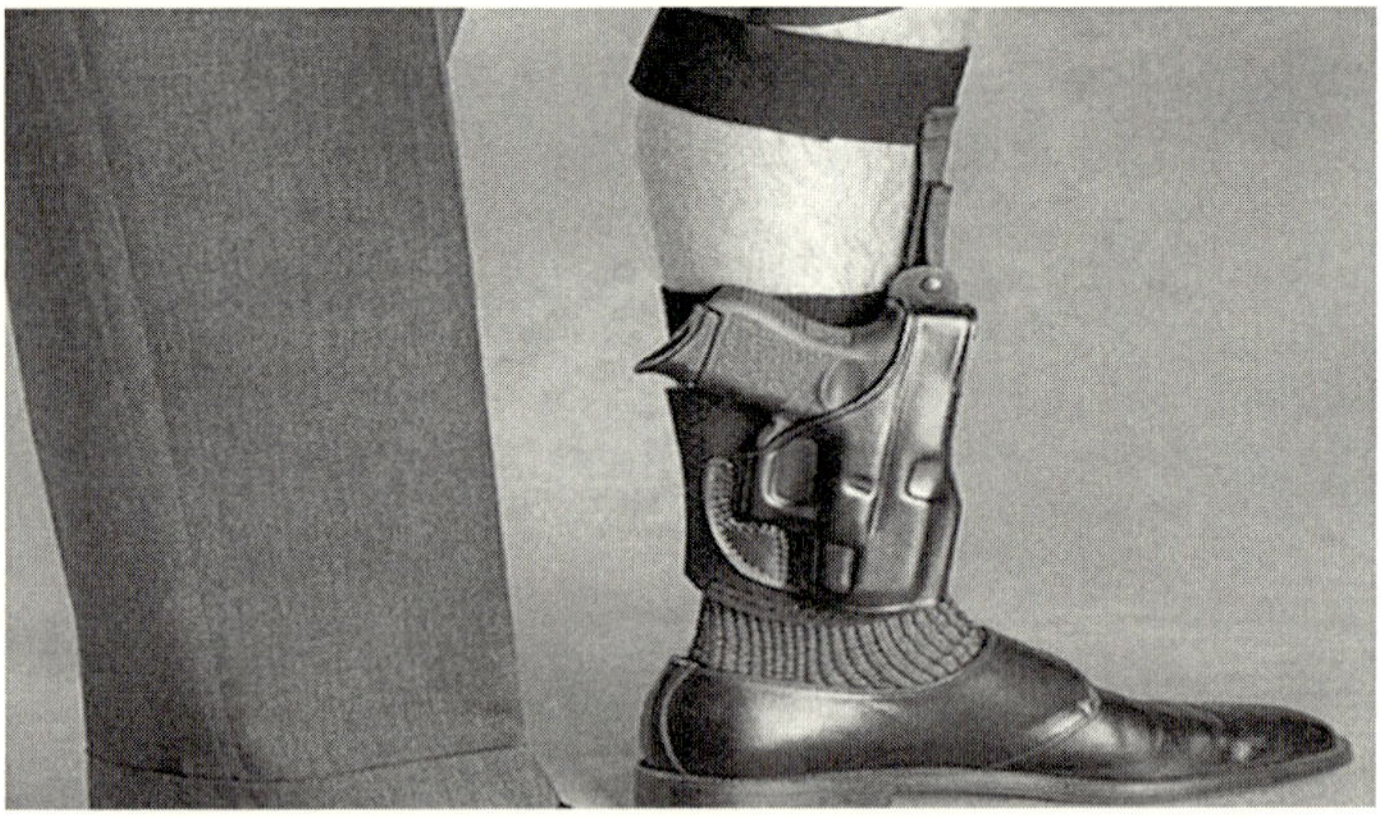

足首に装着する小型拳銃用の「アンクル・ホルスター」。ズボンの裾をおろすと、外からは見えなくなる（Photo：Hyatt guns）

「アンクル・ホルスター」も存在する。ただし、これらに装着できるのは小型の拳銃だけだ。

▼銃を裸で持ち歩くのは不便で危険

映画でズボンのベルト部分に拳銃を差し込むのは、物語の設定（ホルスターを買う金がない犯罪者など）でホルスターを装備していないか、演出上のスマートさを狙って、敢えて使用しないのであろう。

自衛隊や軍隊では、ホルスターを使用するのが常識だから、紛失・破損しない限り、拳銃をズボンのベルト部分に差し込んで使う人は皆無だろう。そのようなことを行なう隊員や兵士を見たり聞いたたりしたことはない。

実際に試してみればわかるが、そんな状態ではとても動きづらいし、すぐに銃を落としてしまうはずだ。差し込んでいるズボンの中で暴発する心配は構造的にないが、そのまま激しい動きをすれば銃を落とす可能性がある。自動拳銃の安全装置は、引鉄やスライドを止めているだけに過ぎないから、落ちた衝撃で暴発するかも知れない。

22　プロから見た「映画の撃ち方」は？

映画の出演者は専門家の演技指導を受けるが、それでも「個癖」は直しきれない

▼あの俳優の構え方は？

銃が登場するアクション映画で最も重要なのは、スクリーン上のヒーローを如何に格好良く見せるか、という点であろう。監督や演出スタッフが、軍隊や警察の経験者でない限り、大抵は演技指導のアドバイザーが監修を担当するものだ。

しかし、映画で使用されるステージガンは、反動がほとんど発生しない空包を使う。だから、大口径のマグナム弾を使う拳銃を撃つシーンでは、腕が反動で跳ね上がる描写がないと、リアルさに欠けた映像になる。

一方で、あまり反動の描写がわざとらしいと、これまたリアル感を損ねてしまう。映画では、適度な反動が生じて、それを自然にコントロールしながら撃つ、といった描写の方がリアルだ。

そのような観点からすれば、「24」シリーズのジャック・バウアーは、意外と正しい銃の構え方をしていると言えるだろう。半身になり両手で拳銃を構える「ウィーバー」という構え方も、自然に反動を吸収できるように、若干ひじを曲げている。

これに対して「バイオハザード」では、シエンナ・ギロリー演じるジルは、物語の設定上戦闘のプロで射撃が上手い、ということになっている。

しかし、彼女の拳銃を構えた姿は、お世辞にも射撃が上手そうには見えない。劇中におけるウィーバー

ヒーローたちの構え方

の構え方では、上体を後方へ逸らし過ぎているのと、左ひじが外側に開きすぎていて、かなり窮屈で無理がありそうな射撃姿勢だ。

▼そもそも「正しい撃ち方」とは？

一般的に、ガンアクションの演技指導者が、俳優にマニュアル通りの「お手本=正しい銃の構え方」を教えるものだが、そのように教わっても、実際には各人各様で構え方が微妙に異なることが多い。

このような、個人個人で異なる構え方が「個癖」だが、この個癖が強い構え方は、「正しい構え方（または撃ち方）」とは言えないだろう。

では、エンターテイメントの世界ではなく、実銃射撃の場合においては、どのような撃ち方であれば「正しい撃ち方」と言うのだろうか？

アサルトライフルなどの「長物」は別として、拳銃の場合は腕を伸ばすか否かにより、反動の制御に影響が出る。一見、腕を完全に伸ばした状態で撃った方が安定するかのようにも思えるかもしれないが、逆に反動で手首を支点に銃が跳ね上がってしまう。

そこで現代の戦闘射撃では、反動をいくらかでも吸収するため、腕を少し曲げて撃つ。軍隊や警察の特殊部隊はもちろん、一般歩兵やＦＢＩの捜査員ですら、腕はあまり伸ばさない。肘を中心に上腕部を若干曲げて撃つことで、銃の跳ね上がりを少なくするのだ。こうすれば、銃が大きく跳ね上がって2発目の照準に時間がかかる、ということは防げるのだ。

23 撃たれたとき、どうやって回避する？

至近距離では即座に左右へ側転してダブル・タップで反撃。遠距離ではジグザグに走る

▼銃のタマを避けることは不可能

映画「マトリックス」で、キアヌ・リーブス演じるネオが、身体を仰け反らして銃弾を避けるシーンがある。公開当時、日本でも話題となった「マトリックス避け」だが、果たして現実的に可能なのだろうか？　それが無理ならば、撃たれる瞬間どう回避すればよいのだろうか。

一般的に、拳銃の有効射程は短い。超人的な特殊部隊の隊

員でも、狙って当たるのは50メートルが限界だろう。これが歩兵なら半分の25メートル、素人では10メートル以下でもそうそう目標に当たるものではない。

ＦＢＩや米軍の統計によれば、拳銃によるガンファイトは平均して7メートル前後で起きている。もし、7メートルの距離で撃たれたとき、人間の反射神経で瞬時に避けるのは、まず不可能である。一般に拳銃弾の初速はライフル弾などと比べると遅いものの、それでも秒速数百メートルはあるからだ。

▼わずかでも被弾率を下げるために

だから「マトリックス避け」は当然無理だとしても、ボクシングの回避術で頭部を常に動かす「ウェービング」のように、何か当たりづらくする方法はあるのだろうか？

軍隊の一般歩兵や警察官は、至近距離での銃撃戦で被弾することを前提に、防弾チョッキを着用する。だから、回避行動の訓練はまずしない。しかし、これが特殊部隊やＶＩＰ警護の警護官ともなれば、拳銃などを使った銃撃回避訓練を行なうという。この訓練では、遮蔽物が何もない状況下で、数メートルの至近距離で対峙したとき、いかにして被弾を防ぐかを学ぶ。

まず、撃たれると思った瞬間、体操選手よろしく、左右のどちらかに素早く側転する。そして、立ち上りざまにダンダンと、引鉄を2度素早く引いて敵を撃つ（ダブル・タップという）。

このとき、なぜ、伏せないで側転するかと言えば、完全に地面に伏せてしまうと、立ち上がるのに時間が掛かるからだ。せっかく敵の撃った初弾を回避しても、自分が反撃するのが遅れては、2発目を食らうリスクが大きくなる。どちらの動作も被弾確率に大差はないが、次の動作をスピーディにするためには、伏せるよりも側転する方がよいのだろう。

また、拳銃の有効射程ギリギリである50メートルという場合なら、被弾を少しでも防ぐため、ジグザグに走って至近距離まで接近しつつ、ダブル・タップで確実に相手を仕留める。

このような訓練をしても、生存確率がわずかに高まる程度で、ボクシングのように被弾確率が劇的に下がる保証はない。

ところが、米国のＩＢＭが特許申請したバイオニック・ボディアーマーという新技術なら、スナイパーライフルの遠距離狙撃なら避けられるという。この原理は、マイクロ波レーダーでタマの飛来を瞬時に感知、弾道を瞬時に予測し、瞬時に電流で筋肉刺激を与えることで、着用者が無意識の内に回避動作を行なうというものだ。ただ、理論的には不可能では

バイオニック・ボディアーマーのしくみ

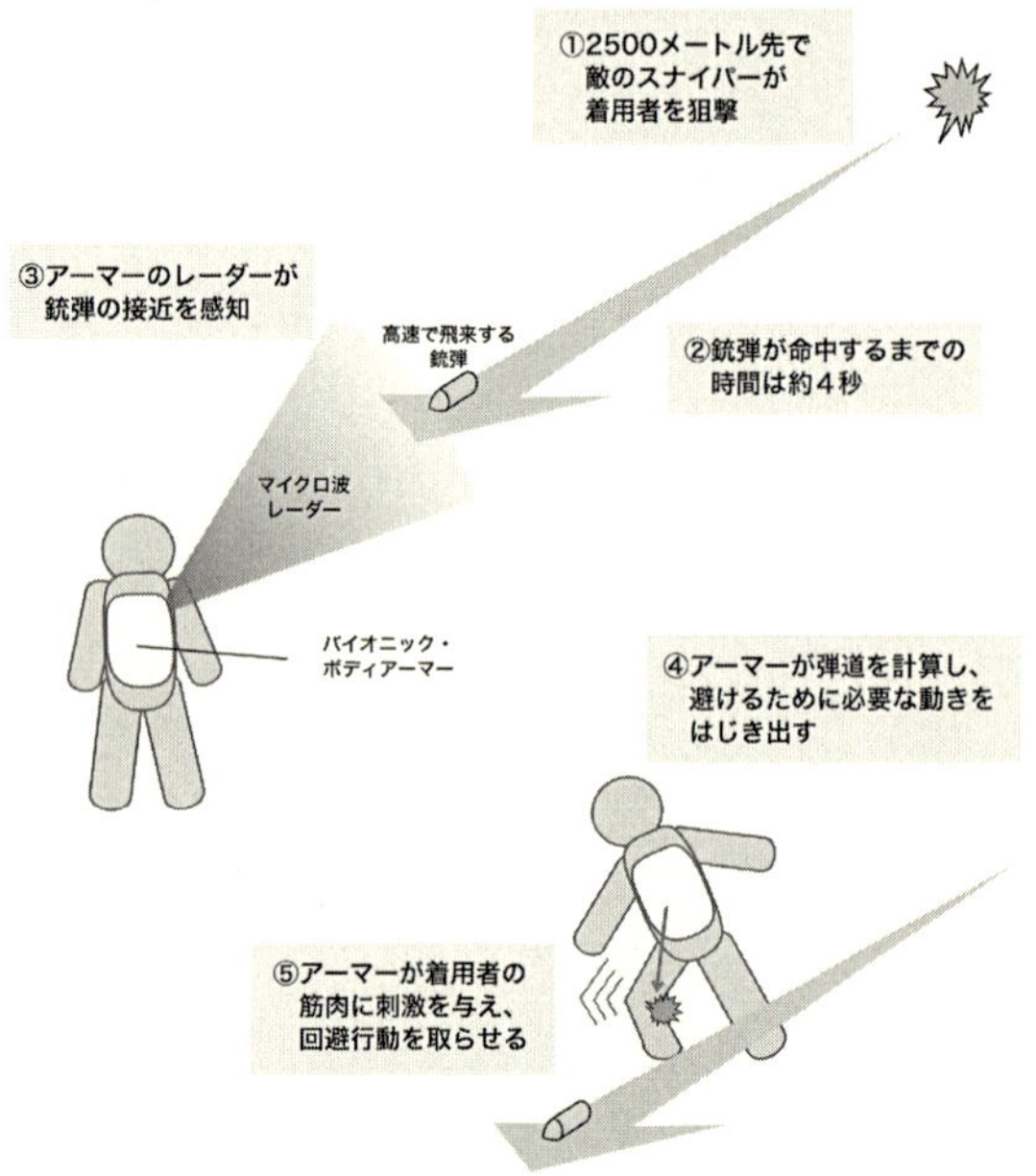
①2500メートル先で
敵のスナイパーが
着用者を狙撃
②銃弾が命中するまでの
時間は約４秒
③アーマーのレーダーが
銃弾の接近を感知
高速で飛来する
銃弾
マイクロ波
レーダー
バイオニック・
ボディアーマー
④アーマーが弾道を計算し、
避けるために必要な動きを
はじき出す
⑤アーマーが着用者の
筋肉に刺激を与え、
回避行動を取らせる

ないにしても、実現するのは数十年後になるだろう。

24　拳銃を構えたとき「チャッ」と音がする？

内部構造に問題がなければ、構えても音はしない。その拳銃、壊れていませんか？

▼拳銃を構える音として一般的な「チャッ」

拳銃が登場する漫画には、さまざまな「擬音」が使用される。

例えば、リボルバーなら、撃鉄を起こしたときに「カチリ」とか「カチッ」という音がする。これがアメコミなら「Ｃｌｉｃｋ（クリック）」という擬音で表現される。

一方、自動拳銃なら、スライドを引いて最初の1発目を装填するときには「ジャキン！」などと音がする。発射音も、昔は「バキューン」とか「ズギューン」だったが、今では大抵「バン」か「ダン」だ。米国なら「Ｂａｎｇ」か「Ｐｏｗ」だろうか。

さて、拳銃を構えたときの音が、「チャッ」とか「チャキッ」と表現されているのを、漫画などで見かけることがある。これは、具体的には一体何の音なのだろうか？

▼構えただけで音がするなら故障を疑え

俗語で拳銃のことを「チャカ」と呼ぶが、これは銃から発する音に由来するものらしい。

だが、自動拳銃ならスライドを引くといった何らかの操作をしない限り、構えただけで「チャッ」といった音がするとは思えない。

それは、リボルバーでも同様だ。撃鉄を起こすときや、タマを装填してシリンダーを閉じるときならば、「チャッ」とか「チャキッ」という音がするが、構えても普通、音はしない。

ただ、古い拳銃であれば、自動拳銃の弾倉やリボルバーのシリンダーにガタが生じて、音を発するかも知れない。

それ以外で考えられるとしたら、内部部品の故障くらいだ。モデルガンを完全分解したことがある方なら、部品点数の多さに驚いた経験があるだろう。実銃を忠実に再現したものであれば、材質こそ異なるが、部品の形状と数は大体同じだ。

大雑把に言って、一般的な自動拳銃で50個、リボルバーでも十数個の部品から構成されている。

もし構えただけで「チャッ」とか「チャキッ」という音がするのなら、こうした部品のどれかが壊れて内部で動いている可能性がある。そのような銃は危険であり、撃つ前に整備の必要があることになる。

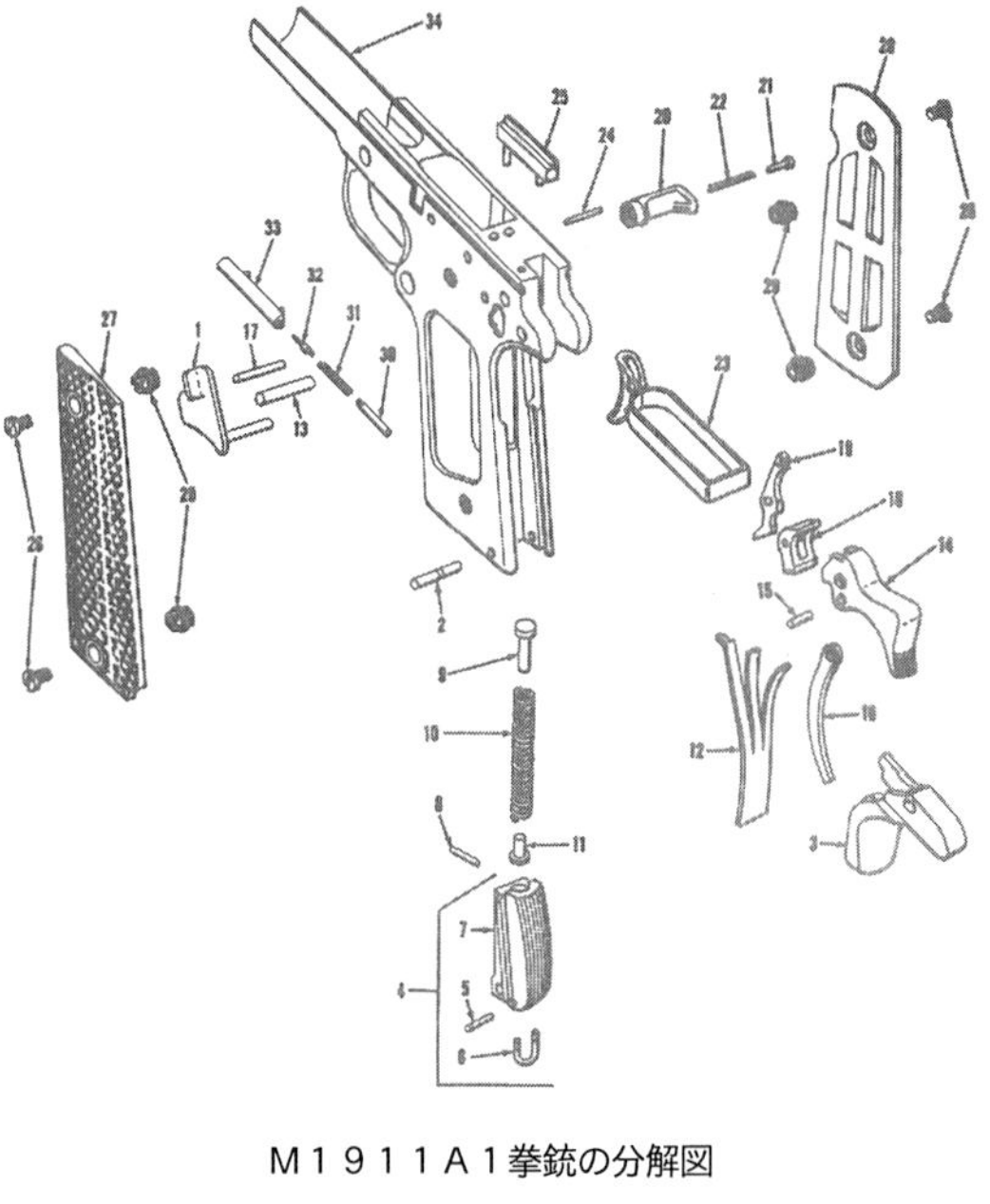

Ｍ１９１１Ａ１拳銃の分解図

25　競技用の拳銃は、一般のものと何が違う？

精度を最重視する競技銃は、22口径の小さなタマを使う。引金はフェザー・タッチで絞る

▼日本でも行なわれている射撃競技

認知度こそ低いが、日本でも拳銃の射撃競技が行なわれている。オリンピックの男子種目「フリーピストル」は、50メートル先の標的を立った姿勢で片手撃ちし、10点満点で60発の合計点を競う。

女子の「ピストル」は、25メートルから片手で60発の立射を行ない、得点を競う。

そして「ラピッドファイア・ピストル」は、25メートル立射片手撃ちで、同じく10点満点で60発だ。

▼競技用は引鉄がきわめて軽い

さて、いずれの競技でも使うのは22口径の小さなタマで、銃は競技専用モデルだ。

その命中精度は、外国で市販されている22口径護身用拳銃よりはるかに高い。なぜなら、競技に適した独特の形状にし、引鉄も軽くするなど、カスタマイズされているからだ。

特に引金は、フェザー・タッチと形容してもよい。一般的な拳銃なら、引鉄を引くのに必要な力は約3キログラムだが、競技用の拳銃は約1キログラムと軽い。

米国の「ビアンキ・カップ」という射撃大会でも、カスタム・ガンが使われる。そして、やはり内部のチューンが重視される。逆鉤《ぎゃっこう》（シアー）という部品を研磨し、引鉄をなめらかに、かつ軽くするのだ。

26 日本で合法的に拳銃を所持できる？

500名のみがエアピストルを所持できる。
装薬ピストルはそのなかのさらに50名

▼射撃競技銃の所持者もほとんどが警察官や自衛官

警察官など仕事上での使用は別だが、日本では「銃砲刀剣類所持等取締法＝銃刀法」により、個人的な実銃の所持は厳しく制限されている。

しかし、国体やオリンピックの射撃競技専用銃なら、拳銃も合法的に持てるのだ。ただし、それは日本全国でたった50人（！）である。そのほとんどが警察官や自衛官で占められ、民間人は数えるほどだ。しかも、その所持枠は常に一杯で、欠員が出るまで待たなくてはならない。

この「装薬ピストル」に分類される拳銃の他、空気銃の「エアピストル」も実銃であり、こちらも全国で500人の制限がある。

かつて拳銃競技に使われたスプリング式エアピストル

▼拳銃所持への長い道のり

日本でエアピストルを所持するには、まずエアライフルを所持することから始まる。競技会に出場して実績を重ね、日本ライフル協会の推薦を受けることで、やっとエアピストルを所持できる。

ここから装薬ピストル所持への道も開かれているが、前述の通り非常に狭き門だ。

ショットガンとライフルなら、狩猟やスポーツ射撃目的で所持している人は全国に30万人以上存在する。

しかし、拳銃は携帯性に優れ、犯罪に用いられる恐れがあることから、射撃競技目的に限って許可されている。

したがって、外国で出回っている大口径狩猟用拳銃はコレクション目的の所持すらも認められないのだ。

27 拳銃の名称はどうやって付けられる？

軍用拳銃の場合、名前の数字は制式採用年であることが多い。
民間用は特にルールなし

▼軍用拳銃では制式採用年がよく使われる

拳銃の名称と言えば、メーカー名の後に数字やアルファベットが付いている場合が多い。

米・コルト社の「コルトM1911A1」であれば、Mは英語のModel＝モデルの頭文字だ。数字の1911は、米軍の制式採用年を表す。A1は、一度改良されたという意味で、二度改良されたらA2となる。これらは、米軍の兵器命名基準によるものだ。

ルパン三世で有名な「ワルサーP38」の場合、Pはドイツ語で拳銃を意味する「ピストーレ」の略、数字はドイツ軍の採用年で、西暦の下2桁を取ったものだ。

戦前の日本で使われた「南部十四年式」なら大正14年、「九四式拳銃」なら皇紀2594年（昭和9年）に採用されたこ

コルトM1911A1

とを表している。しかし現在、自衛隊が使う拳銃は、単に「9ミリ拳銃」とだけ呼ぶ。

▼民間用はメーカーごとに独自基準

民間向けモデルの場合も、名称に数字やアルファベットを使用するが、開発年や軍隊の採用年とは限らない。それぞれのメーカー独自の命名法がある。

S&W社のリボルバーによくあるM29とか、M586のような数字の名称は、年式でもなく、M1、M2、M3……といった通し番号でもなさそうだ。これは、構造や種類などで区分した名称だろう。

ほかに「デザートイーグル（砂漠の鷲）」のように愛称で呼んだり、「FNファイブ・セブン」のように、口径（5・7ミリ）を名称にしたものもある。

ベルギーのＦＮ社が開発したオートマチックＦＮファイブセブン（FN Five-seveN）。名称は口径（５．７ミリ）から来ており、ＦＮ社の名前の"F"と"N"部分を大文字で表記する（Photo：ROG5728）

ＩＷＩ社の大口径自動拳銃「デザートイーグル」

代表的なリボルバー（S&W M500）

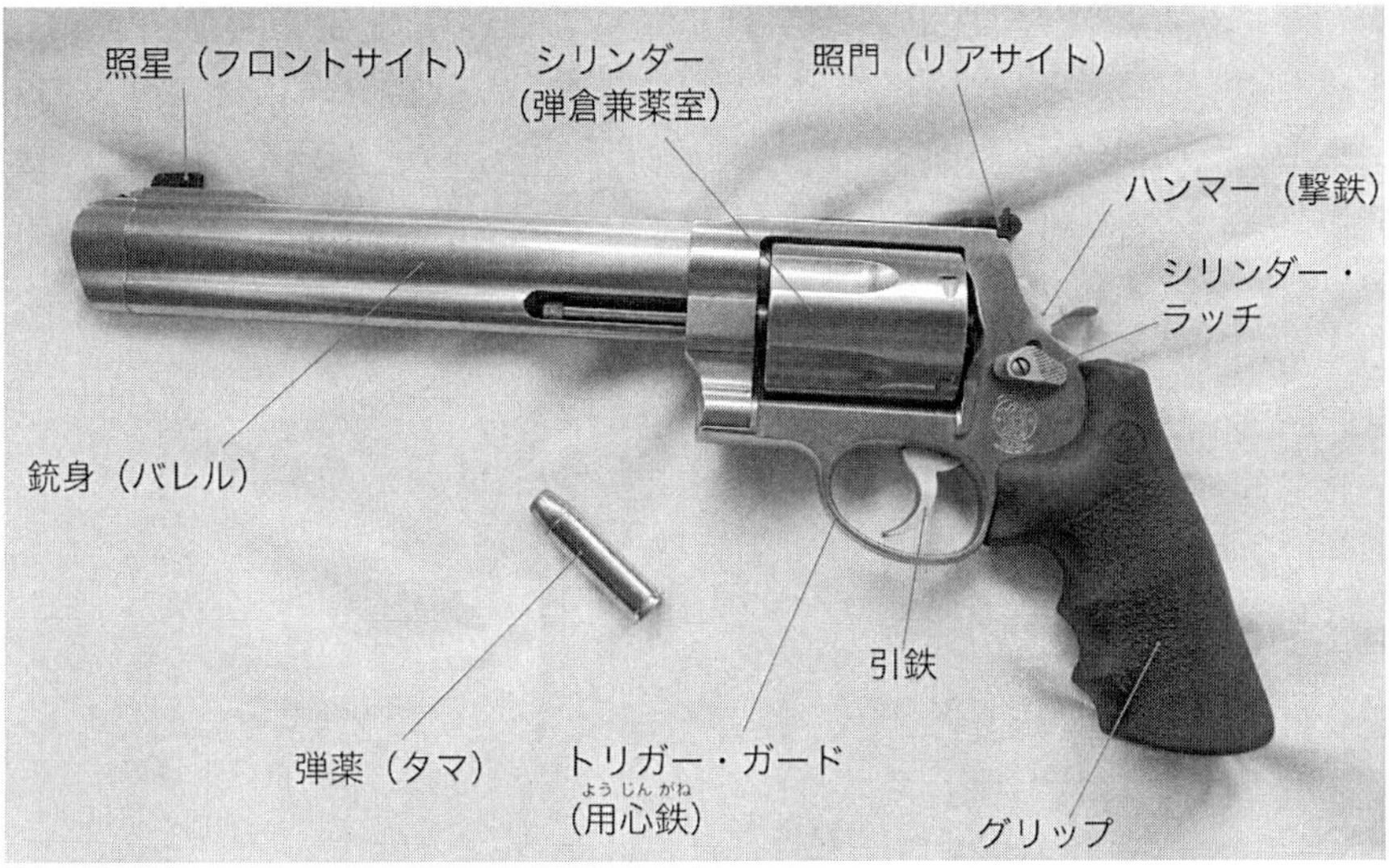

（Photo：かのよしのり）

代表的なオートマチック（コルト・ガバメント）

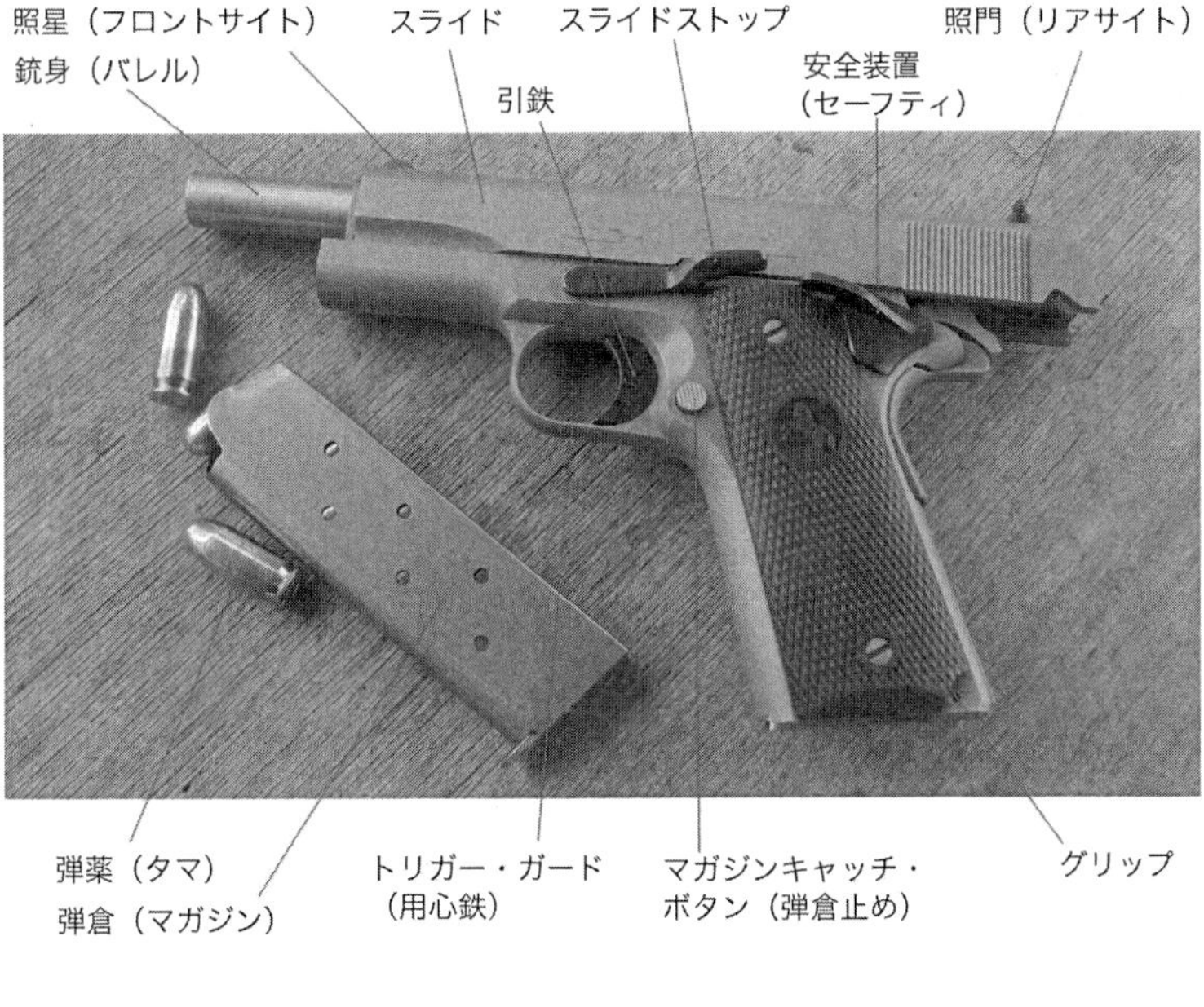

PART2　アサルトライフル&スナイパーライフル

1　アサルトライフルは、いつ、どこで誕生した？

アサルトライフルは「攻撃も防御もできる」万能の突撃銃。
原型はドイツのＳｔＧ44

▼現代歩兵銃のルーツは大戦末期のドイツに

アサルトライフルは、英語を直訳すれば「強襲銃」となるが、日本語では「突撃銃」として定着している。

この突撃銃を、ドイツ語でシュトルム・ゲベーアと言う。シュトルムとは「嵐」とか「突撃」あるいは「強襲」を意味し、ゲベーアは「銃」だ。

この突撃銃の元祖が、ドイツの「ＳｔＧ44」である。第二次大戦当時の軍用小銃は、各国とも発射速度の遅いボルトアクションの手動式で、装弾数は5発程度しかなかった。

これに対しＳｔＧ44は装弾数30発、半自動の単発射撃だけでなく、ダダダ……と連発射撃も可能だった。

ＳｔＧ44は、第二次世界大戦末期の１９４４年にドイツ軍に制式採用されたが、活躍する間もなく戦争が終わってしまった。しかし、その設計コンセプトであった「攻撃にも防御にも用いる、突撃向きの銃」は戦後に開花する。そして、現代の歩兵が使う小銃はすべて突撃銃となった。

第二次世界大戦末期のドイツで開発された「突撃銃の元祖」、ＳｔＧ44

陸上自衛隊の64式小銃

▼アサルトライフルの癖に、突撃に向かない銃とは!?

しかし、アサルトライフルなのに突撃に不向きな銃も存在する。それが自衛隊の「64式小銃」だ。

開発にあたり、反動が強い7・62ミリ弾の発射薬の量を1割減らして、さらに銃の構造を工夫した。これにより、連発射撃時の命中精度こそ試作時よりも向上したが、銃の照星・照門は折り畳み式で、行動中に草木が触れると倒れてしまう。また、安全装置が操作しづらく、直ぐに解除できないため、突然現れた敵への対処が難しい。

このように、実に非実戦的と隊員から不評な駄作銃なのである。

2　アサルトライフルは連射する銃ではない？

アサルトライフルの評価基準は命中精度と多用途性、軽さ。連射能力はさほどでもない

▼ベトナム戦争で米軍を悩ませた弾薬浪費

軍隊では指揮官の統制下で戦闘するから、目標・射撃方法・使用弾数などの号令を無視し、各自が勝手にバリバリ撃てるものではない。

米軍では、1960年代後半のベトナム戦争時、フルオート（連発）射撃での弾薬の浪費が問題となった。これは、新兵が恐怖のあまり引鉄から指を離さず、タマが切れるまでダダダ……と撃ちまくるのが原因と考えられた。

ベトナム戦争中、M16アサルトライフルを構える米軍兵士

そこで、1980年代に各国で「点射（バースト・ショット）機能」付きアサルトライフルが開発された。つまり、引鉄を引く度に3発しかタマが出ないことで、無闇な連発射撃をさせず、弾薬を節約しようというのだ。

▼フルオートは限定的に使用される

湯水のようにタマをバラ撒くイメージがある米軍でも、戦闘で使う弾数が少なく済むに越したことはない。意外かもしれないが、米軍がアサルトライフルの性能で最も重視するのは命中精度だ。戦争映画のように、常に連発でダダダ……と撃つことは滅多になく、軍隊での射撃はセミオート（単発）が基本だ。

例外として、歩兵が敵陣地を攻撃するとき、最後に突撃を行なうが、このときは盛大に連発で射撃する。また、逆に防御戦闘で、敵の突撃を防ぐときにも遠慮なく連発で撃つ。

ただしその際も、引鉄の引き具合で発射弾数を調節する必要があり、連続で撃つのはせいぜい5発か6発だ。現代アサルトライフルの発射速度は毎分600発前後だから、引鉄を引き続けると、3秒もせず30発入り弾倉が空になってしまう。連発し過ぎると、銃身が焼きつくという問題もある。

つまりアサルトライフルは、連発射撃の性能だけで評価される銃ではない。1発1発狙って撃つ「単発」はもちろん、「連発」や「点射（バースト）」時にも命中精度に優れ、なおかつ軽量で扱いやすいこと。そのような、バランスの取れた銃が求められるのだ。

3　ライフルはどう構える？

ライフルの射程は拳銃よりもはるかに長い。そのため、できるかぎり伏せ撃ちを行なう。

▼「長物」は伏せて、両手でしっかり構える

アサルトライフルなどの「長物」は、その全長や重量のため、両手で保持するのが原則である。拳銃のように片手で撃てないこともないが、命中精度が著しく低下する。

長物の射撃姿勢を大別すると、立って撃つ「立姿《りっし》（スタンディング）」と片膝を付いて撃つ「膝撃ち」、腹這いになって撃つ「伏せ撃ち《プローン》」の３つがある。

このうち、一番命中精度が高いのは、何と言っても伏せ撃ちだろう。同時に敵のタマに最も当たりにくく、長時間安定した状態で構えることが可能な射撃姿勢でもある。戦場でボーッと立っているよりは、中腰になった方が被弾しにくく、完全に伏せてしまえば、さらに被弾確率が減少するからだ。

このため、自衛隊だけでなく何処の国の軍隊でも、敵とある程度の距離があって伏せ撃ちができる状況下なら、まずは伏せ撃ちをするように教育されている。

伏せ撃ちは、自分の狙点（目標を狙う時の照準点）も低いから、一見照準しにくいように思うかもしれない。しかし、アサルトライフルは至近距離で敵兵の足を撃つ訳ではない。敵との距離が３００メートル以内になったら、撃ち始めても十分当たる距離だ。この距離なら、狙点が低くても、豆粒のような敵兵を狙うのに不都合はない。

▼伏せ撃ちができないときはどうするか

他の射撃姿勢には「しゃがみ撃ち」や、より安定した姿勢で命中精度が高い「座り撃ち」などもある。これらは、伏せ撃ちより身体が高くなる分、被弾確率は増えるが、立ち上がって別な遮蔽物へ移動するときなど、撃った後で迅速に行動できるのが利点だ。

さらに、座り撃ちにも「開脚座り撃ち」や「閉脚座り撃ち」といったバリエーションがある。開脚座り撃ちは、両脚

を広げて座るため、撃った後に移動する場合、しゃがみ撃ちよりも一挙動余計にかかるが、より安定した姿勢だ。戦場の地形によって開脚するスペースがない場合は閉脚座り撃ちとなる。

ＡＫ-74を伏せ撃ちする兵士

市街戦では「ＣＱＢ（Close Quarters Battle）」、つまり屋内における近接戦闘が発生する場合もある。その際には、歩行射撃を基本として、常に動きながら敵を撃つ専用の射撃姿勢をとる。

撃つときに停止しないため、相手にもなかなか命中させられないが、敵と遭遇したり、待ち伏せされたときの被弾率が下がるため、あえて歩行射撃を行なうのだ。

4 左利きだと、アサルトライフルは撃ちづらい？

軍用銃は右利き向け。左構えで撃つしかない場合もあるので、近年は両構えが可能な銃も

▼大半の軍用銃は右利き向け

「プライベート・ライアン」という映画がある。第二次世界大戦が舞台のこの作品に、左利きの狙撃手が登場する。ボルトアクション式の狙撃銃を、非常に扱いにくそうに操作していたのが印象的である。

左利きでは確かに不便だろう。なぜなら、大抵ボルトアクション式の銃は、ボルト・ハンドルを右手で操作するようになっているからだ。

現代のアサルトライフルも、右利きの射手が使用することを前提に設計されている。これはアサルトライフルだけでなく、拳銃などほとんどの軍用銃がそうである。

民間用の猟銃や競技専用銃であれば、多少高価でも特注品をメーカーに作ってもらうのは可能だろう。しかし軍隊では、少数のサウスポーのために、専用銃を別に製造して配備することは、経済効率的に許されない。

▼場所によっては、あえて逆に構える

戦場では、状況により右利きの射手でも、左構えで射撃しなくてはいけないことがある。

ボルト・ハンドルを操作して排莢と装填を行なうスナイパー

例えば、自分の体に対して右側に遮蔽物がある場合だ。そのようなとき、操作しづらいだけでなく、顔面を薬莢が直撃する危険がある。銃の構造上、薬莢は右上に飛ぶ場合が多いからだ。

そこで近年では、左右両側に安全装置を設けた「アンビ・セーフティ」付きの拳銃やアサルトライフルも、徐々に出現しつつある。

5 アサルトライフルの射撃テクニックとは?

現代戦では戦闘中も足を止めない。ひとつの目標に2発ずつ撃ち、必ず薬室に銃弾を残しておく

▼確実に敵を葬る「ダブル・タップ」

市街戦では、屋内外での近接戦闘が多く発生する。そのときこそ、身に付けたアサルトライフルの射撃テクニックがモ

アサルトライフルを通常とは逆に構える左利きの兵士

ノを言う。

冷戦時代は特殊部隊オンリーだった高度な技術も、今や一般歩兵どころか、熱心なガンマニアまでもがマスターしている時代だ。そのいくつかを紹介しよう。

まず、「ダブル・タップ」だが、これはセミオート射撃時に、ひとつの目標に引鉄を2度素早く引き、銃声が「ダンダン」と続けて聞こえるような間隔で2発撃ち込む射撃方法だ。

これが簡単なようで難しい。筆者の場合、「ダン、ダンッ」と銃声が途切れてしまうし、ガク引きとなってしまうことがよくある。

ダブル・タップの利点は、瞬時に2発を撃ち込むことで、確実に敵を倒せることだ。このため、ガク引きすることなく、確実に致命部位へ撃ち込まなくてはならない。

▼歩行射撃とリロードテクニック

また、21世紀の近接戦闘では、歩行射撃が常識である。移動目標である敵を、自分も歩きながら撃つ。これが「シュート・オン・ムーブ」である。当然、静止して撃つ方が命中精度は高い。しかし敵に撃たれるリスクを考慮し、常に歩みを止めてはならないのだ。

そして、敵が予期せぬ場所に出現したら、素早くそちらを向きダンダンと撃つ。この移動中のダブル・タップによる目標変換射撃を「コントロール・ペアーズ」という。

M４アサルトライフルを歩きながら射撃する訓練。狙うために戦場で足を止めれば、格好の的になってしまう

射撃のあとは、スピーディに「リロード（弾倉交換）」を行なわなくてはならない。その際、残弾ゼロは致命的だから、完全には撃ちきらず、最低でも薬室の1発は残しておこう。このテクニックは、「タクティカル・リロード」と呼ばれる。

6 アサルトライフルのタマにはどんな種類が？

銃弾には「フルメタル・ジャケット」「徹甲弾」「焼夷弾」「炸裂弾」「曳光弾」などがある

▼「フルメタル・ジャケット」がスタンダード

軍用の普通弾のことを、英語でミリタリー・ボールと呼ぶ。これは先込め銃時代の名残りで、当時のタマは球状をした、文字通り「弾丸」だったからだ。

現代の軍隊が普通弾として用いるのは、「フルメタル・ジャケット」である。映画の題名ともなっているから、聞いたことがあるだろう。

普通、銃のタマは鉛で作られているが、フルメタル・ジャケットは、鉛を芯にして、銅で包んだタマである。

ライフルで使われるフルメタル・ジャケット弾

▼用途に応じてさまざまな弾薬がある

また、「徹甲弾」という固い弾芯を持つタマもある。戦車は無理だが、軽装甲車両の車体なら楽に撃ち抜く。

「焼夷弾」というのもある。内部に黄燐が入っていて、弾着時に弾頭が砕けて発火する。敵の弾薬集積所を襲うときなどに最適だ。

昔は、「炸裂弾」という爆発するタマもあったが、今では廃れている。

そして「曳光弾」だが、これは硝酸バリウムという曳光剤が入っていて、弾頭が発光しながら飛んでいく。自分の横方向に飛ぶヘリコプターを撃つときなどに便利なタマだ。数発に1発の割合で、曳光弾を弾倉に込めて撃つ。空中を飛ぶ曳光弾の光を目安に、修正しながら射撃するのだ。

なお、これらのタマはどれも形状が同じなので、弾頭の先端に色を塗って区別している。

7　アサルトライフルも水中では役立ず？

水中では専用に設計されたロシアのＡＰＳ以外使えない。通常は銃を捨ててナイフで戦う

▼水中では通常銃は使い物にならない

水中を進む物体には、空気抵抗とは比較にならない圧力がかかる。水中でも銃は撃てるが、弾道は直進安定性に欠ける上に、射程も威力も大幅に減少する。

水中を進む弾頭は、初速（銃口を飛び出した直後の速度）を急激に失ってしまう。拳銃の弾頭で丸い形状をした「ラウンド・ノーズ」はもちろん、先端が尖ったライフル弾でも、下手をすれば数メートルの至近距離でないと役立たない。

▼旧ソが開発した水中専用ライフル

そこで、旧ソ連は考えた。「ならば、水中戦闘専用のアサルトライフルを作ろう。水中抵抗が大きく、タマが飛ばないと言うのなら、ダーツのような矢弾にすればよいのだ」と。

旧ソ連はこのアイデアをもとにして、海軍スペツナズなどの特殊部隊向けに、水中戦闘に適した専用のアサルトライフルを開発。水中抵抗の問題を見事にクリアした。

水中でも撃てるこのアサルトライフルは「ＡＰＳ」と言い、現在のロシア海軍でも使用されている。

口径５・５６ミリで重量は２・６キロ、弾倉には20発のダ

旧ソ連が開発した水中アサルトライフルＡＰＳ

ーツ弾が入る。「水中銃」とは言っても、発射に圧縮空気を用いるのではない。弾頭がダーツ状になっているだけで、薬莢に発射薬が入った立派な「装薬銃」だ。水中での有効射程はせいぜい30メートルだが、実用上は充分だろう。

　ちなみに、米国など他の国々では水中専用銃を開発せず、ダイバーズ・ナイフで水中戦闘を行なう。

8　ブルパップ式にはどういう利点がある？

命中精度や射程を落とさずに、銃をコンパクト化できる。ただし細かい難点もいくつか

▼ブルパップ式の名銃、ステアーＡＵＧ

　１９７７年に出現したオーストリアのステアーＡＵＧは、まさに革命的なアサルトライフルだった。ＳＦチックな形状は、衝撃的ですらある。

　さて、このステアーＡＵＧの特徴だが、「グリップ部分よりも前に弾倉がある」ことと、「銃の機関部がストック内にある」こと、「全長が短い」ことが、普通のアサルトライフルと異なっている。このような構造を「ブルパップ（英語で、ブルドッグの子犬）式」と呼ぶ。

発想の転換で銃身の長さそのままで全長を短くしたブルパップ型アサルトライフル「ステアーAUG」（Daimler puch）

▼ブルパップ式の長所と短所

では、なぜブルパップ式のアサルトライフルが開発されたのか？　それは、「銃身の長さはそのままで（命中精度や射程を落とさずに）、全長を短くできる」からだ。それが最大の利点である。

欠点としては、構造上仕方ないことだが、機関部が射手の顔に近いこと。それだけに、耳元でダダダ……と撃発音で騒々しい。また、ストックを左肩に付けて構えたとき、排出された薬莢が顔を直撃することもあるのだ。

なお、ブルパップ式のアサルトライフルとしては、他にフランスのＦＡ-ＭＡＳや、イギリスのＬ85、中国の95式歩槍《ブーチャン》（小銃の意味）などがある。

しかし、これら後発組の銃は、お世辞にも評判が良いとは言いがたい。ステアーＡＵＧよりも優れたブルパップ式は、当分出現しそうにないと言えよう。

同じくブルパップ型アサルトライフル「ＦＡ-ＭＡＳ」。フランスのＧＩＡＴ（現・ＮＥＸＴＥＲ）が開発した（David Monniaux）

9　銃から伸びる赤い光線は何？

照準を補助する「レーザーサイト」。
補助装置としては他に「ドットサイト」も人気

▼レーザー反射で、狙っている地点が即座にわかる

銃には、「照星（フロントサイト）」と「照門（リアサイト）」からなる「アイアンサイト」が標準装備されている。それに加えて、スコープなどの光学照準器や、照準補助装置を装着することで、より精密に（あるいは迅速に）照準することができる。

映画などに登場する「レーザーサイト」も同様で、照準を補助するための装置だ。拳銃やサブマシンガン、あるいはアサルトライフルの銃身下に取り付けられ、銃の軸線とレーザーが示す狙点が一致するようになっている。

レーザーサイトは、目に見える「可視光レーザー」を発射するタイプと、暗視装置を通してしか見えない「不可視レーザー」に大別されるが、近年では後者が増えてきた。可視光レーザーだと、標的となった人物に察知される可能性もあるからだ。

そもそも、ライフルスコープを使ってもっと遠距離を撃つスナイパーは、レーザーサイトはそれほど遠くまで届かいないので使用しない。レーザーサイトは、特殊部隊や一般歩兵が主に屋内での近接戦闘で使うことも多い。

▼単純ながら有効なドットサイト

一方、ドットサイト（米語の発音なら、ダットサイト）は、照準の精密さよりも、むしろ迅速さを追求するための照準器だ。戦闘機のヘッドアップ・ディスプレイと同様に、プリズムで反射させた像（赤い点）を銃に取り付けたレンズの中央に投影する仕組みだ。赤い点は予想着弾点を示しており、目、照門、照星、標的の並びを考えなくとも、この赤い点を標的に合わせるだけで照準できる。

ドットサイトは、屋内での近接戦闘だけでなく、建物外での市街戦にも用いられる。遠距離での交戦が多い野戦では余り使用されることはないが、それでも近距離でならば有効だろう。

レーザーサイトもドットサイトも、大抵はセットで銃に装着され、その時々の状況や場所に応じて使用される。どちらも日中の太陽光線次第では、赤い点が見づらくなることもあるが、射手の照準を容易にしてくれる器材なのだ。

代表的な照準補助装置

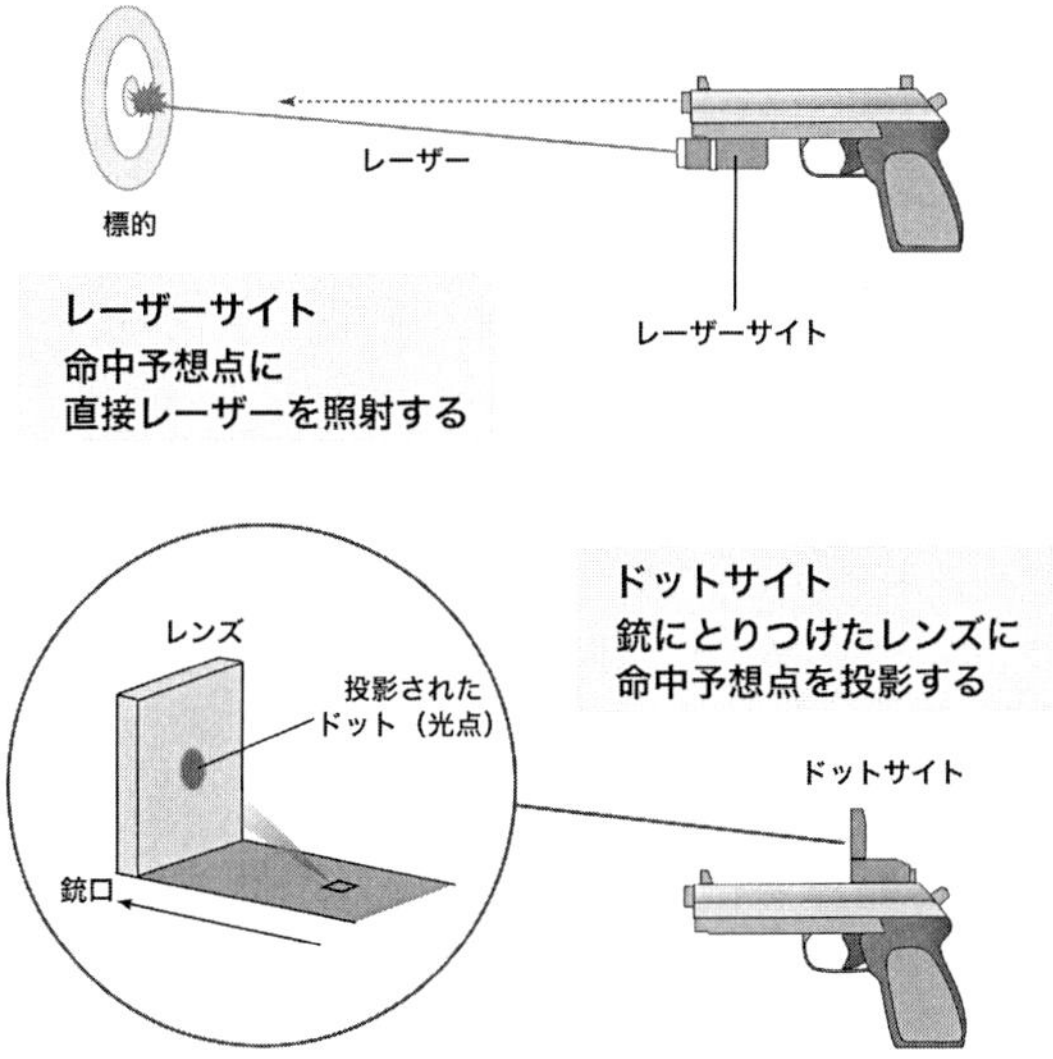

10　アサルトライフルが故障したらどうする？

ジャム程度なら戦場でも自分で修理できる。メカニズム故障の場合はどうにもならない

▼アサルトライフルの故障には2種類ある

軍隊で使用する兵器や装備品は、民生品では要求されない耐久性を持つのが普通である。これは戦場という過酷な環境下、極限状態で作戦行動する兵士にとって、「武人の蛮用」に耐えうるものでなくてはならないからだ。

しかし、アサルトライフルだって工業製品だから、いつかは故障も起きるし破損もする。ではそのとき、一体どうするのか？

一口に故障といっても、その程度は千差万別だ。大別すると、工具を必要とせずにその場で簡単に復旧できるものと、そうでないものがある。

前者は、射手自身が故障排除を行なう。弾薬を薬室へ送り

「排莢不良」を起こしたＢＡＲ（ブローニング・オートマチック・ライフル）（Photo：かのよしのり）

込めない「送弾不良」や、撃ち殻薬莢が排出されずに詰まる「排莢不良」など、いわゆる「ジャム」がそうだ。

一方、後者には撃針が折れるなど、銃内部のメカニズムの故障がある。こうなれば、バックアップ用の拳銃を使用してピンチを脱出し、戦闘終了後、修理専門の整備部隊にアサルトライフルを後送するしかないだろう。

世界に数あるアサルトライフルの中には、射撃後の手入れもせずに何千発も撃ち続けて、故障なく作動した銃もあると聞く。だが、それは少数の例外に過ぎない。突然の故障を防ぐには、実銃であれエアガンであれ、やはり日頃からの手入れが欠かせないのだ。

11　アサルトライフルで戦闘機を撃墜できる？

現代戦闘機は装甲がないため、低空飛行中に正面から一斉射撃すれば、あるいは……

▼攻撃チャンスは爆弾投下時

ヘリコプターならともかく、音速で飛ぶジェット戦闘機をアサルトライフルで撃ち墜とす……。果たして、それは可能なのだろうか？

ベトナム戦争では、ベトナム民族解放戦線（ベトコン）のアサルトライフルによる対空射撃で、米軍機が何機も撃墜されたという。しかし、それはたった1挺のアサルトライフルでは不可能な話だ。

ジェット戦闘機をアサルトライフルで撃墜するには、大勢で一斉射撃するしかない。現代戦闘機は上空から誘導爆弾を落とすことが多いが、なんらかの理由で、機銃掃射をしたり、無誘導爆弾を投下するなどの対地攻撃を行なうとき、どうしても低速で低空飛行をしなくてはならないだろう。このときが、唯一の射撃チャンスとなる。

▼敵機正面から一斉射撃する

横方向へ飛行中の機体ではなく、真正面から向かって来る機体に狙いを定める。1機に対して、大人数がフルオートで一斉射撃し弾幕を張る。仮に、約100名で編成される1個中隊が、30発入り弾倉付きのアサルトライフルを一斉射撃すると、一度に3000発の弾幕を構成できる。その弾幕に機体が突っ込めばよい、というわけだ。

現代の戦闘機は、揮発性が高く引火しやすい航空燃料を搭載している。焼夷徹甲弾を使えば、アサルトライフルでも撃墜できそうだ。

しかし、M2重機関銃の対空射撃における命中率が約0.1%、アサルトライフルならそれ以下と言われ、数千発に1発当たるかどうか。アサルトライフル弾をジェット戦闘機に命中させるのは不可能ではないが、極めて困難であろう。

12 アサルトライフルはいくらで買える？

闇市場のＡＫ-47（中古）なら数千円!!で買える。
自衛隊の89式小銃だと約30万円もする

▼軍用銃には定価がない

アサルトライフルはもちろん、拳銃などの軍用銃には、定価やメーカー希望小売価格というものが存在しない。

ライセンス料や予備部品代も含むメーカー提示の総額を、調達数で割ったものが単価となる。それは、戦車などの戦闘車両や軍用機、艦艇も同様である。

したがってアサルトライフル1挺の価格はピンキリで、大雑把に言えば、闇市場のＡＫシリーズ（中古）なら日本円で数千円だ。新品なら、米軍のＭ16Ａ2が約5万円前後で、ベルギーのＦＮＣは17万円もする。オーストリアのステアーＡＵＧは、もっと高くて23万円。

▼世界一高い自衛隊の89式

日本の89式小銃は、自衛隊への納入価格が1挺約30万円。恐らく、世界一高価なアサルトライフルだろう。

89式小銃は主要部分を金属の削り出しで製造するのではなく、金属の板をプレスして作るから、加工が容易で量産に適している。しかし、その割にはコストダウンになっていない。なぜなら、自衛隊は毎年少量しか発注しないからだ。

その上、日本には「武器輸出3原則」という閣議決定で「武器輸出は慎む」とされていて、輸出できない事情もある。輸出して量産できれば単価は下がられるはずだ(外国が買ってくれればの話だが)。

89式小銃を構える陸上自衛官

英国製アサルトライフル、ＳA80（英国陸軍の制式採用名はL85)。銃自体の評価は別として、輸出商品としてはあまり成功していない（Photo：イギリス陸軍）

しかし、日本は英国と同様、銃規制が厳しい国である。そのような環境下にある国は、まともな銃を設計できない。また、実戦で故障せずに使用できた実績もない。だから例え輸出できても、あまり売れないだろう。実際、英国の銃輸出は成功しているとは言い難い。

13 射撃競技用ライフルは実戦で使える?

競技用ライフルは精度こそ高いが、装弾数・射程・威力が乏しい。また何より華奢すぎる

▼精度が命の競技用銃

軍隊や警察で使用するスナイパーライフルは、精密射撃に特化した専用銃である。ボルトアクション式のものが多いが、これらは元々、狩猟や標的射撃競技などのために作られた銃がベースとなっていたりする。

例えば、米陸軍や自衛隊などが使用しているM-24対人狙撃銃は、ハンターが狩猟に用いるレミントンM-700がベースだ。

射撃競技専用の銃には、口径が最大で約8ミリの「ビッグボア・ライフル」と、口径が5・6ミリで22LR(ロングライフル)弾を使用する「スモールボア・ライフル」がある。ワルサーやアンシュッツ、ファインベルクバウといったドイツメーカーの製品が多く、当然精度を最重視しており、高性能・高品質で定評がある。

▼競技用は装弾数、威力、耐久性に欠ける

では、軍隊や警察がこれらの銃をそのまま採用して、狙撃任務で使用できるのだろうか。

しかし、実際には軍用に不適なのだ。何しろ大抵は1発しかタマが入らない単発式だから、1発撃つたびに薬室へタマを込めなくてはならない。アンシュッツの一部の銃には、5発入り弾倉(マガジン)付きのモデルがあるが、これはバイアスロン専用の射撃競技銃であり、例外中の例外だろう。

そもそもスモールボア・ライフルで使う22LR弾は、「ロングライフル」と呼ばれてはいるが、実際には拳銃の9ミリパラベラム弾よりも、一回り以上も小さなタマで50メールほど先の標的を撃つためのものである。薬莢の中に入っている発射薬も少なく、一般的な対人狙撃銃の7・62ミリ弾ほ

バイアスロン競技で使われる競技用ライフル。競技用は正確さを競うもので、射程も短く、装填可能な弾薬数も少ない。また見てわかるように銃身も非常に細いつくりになっている（Photo：Ragnar Singsaas）

ど威力はない。競技に使うには十分だが、射程と威力の面から見ても、とてもスナイパーライフルには使えないのだ。

この点、ビッグボア・ライフルなら、さまざまな種類の銃が市販されていて、7・62ミリの対人狙撃銃にそのまま転用できそうなものもあるが、これも実際にはうまくいかない。銃の形状が競技に特化したデザイン（特に銃床部分など）で、車両やヘリコプターの中で引っ掛かったり、長時間に渡って戦場で携行するにも、重量バランスが悪くて不便だ。

そして、決定的なのが耐久性である。軍用銃は、気温40℃以上の砂漠だろうが、零下30℃の積雪寒冷地だろうが、雨・砂嵐・吹雪の下でも正常作動することが重要だ。また、戦況によっては迅速な操作が優先され、乱暴かつ雑に扱われることもあるため、「武人の蛮用」に耐えることが要求される。これに対して射撃競技専用銃は、あくまでも競技で使用されることに特化しており、繊細で華奢すぎるのだ。

14 口径が同じなら、銃弾を共用できる？

「7・62×51弾」は口径7・62ミリ、長さ51ミリを表す。両方一致しなければダメ

▼「ライフリング」と口径

現代では、ライフルと言えば銃の種類を差すが、本来は銃身内にある数条の溝を言う。これが「ライフリング（腔綫《こうせん》）」だ。

この溝は、銃口の先端に向かって1回転するかどうか、というくらいゆるやかに、斜め方向へ刻まれている。だから、銃口から覗くと、螺旋状の溝に見える。拳銃なら6条、アサルトライフルなら4条が多く「4条右転」などと呼ぶ。

このように、ショットガンは例外だが、大抵の銃に溝がある。

そして口径とは、銃身の内径を、インチ（米国）やミリ（ヨーロッパ）で表したものだ。さらに、ライフリングの溝の底を基準に測った内径を「谷径」、溝を考慮しない内径を「山径」として区別するが、普通は山径で表す。

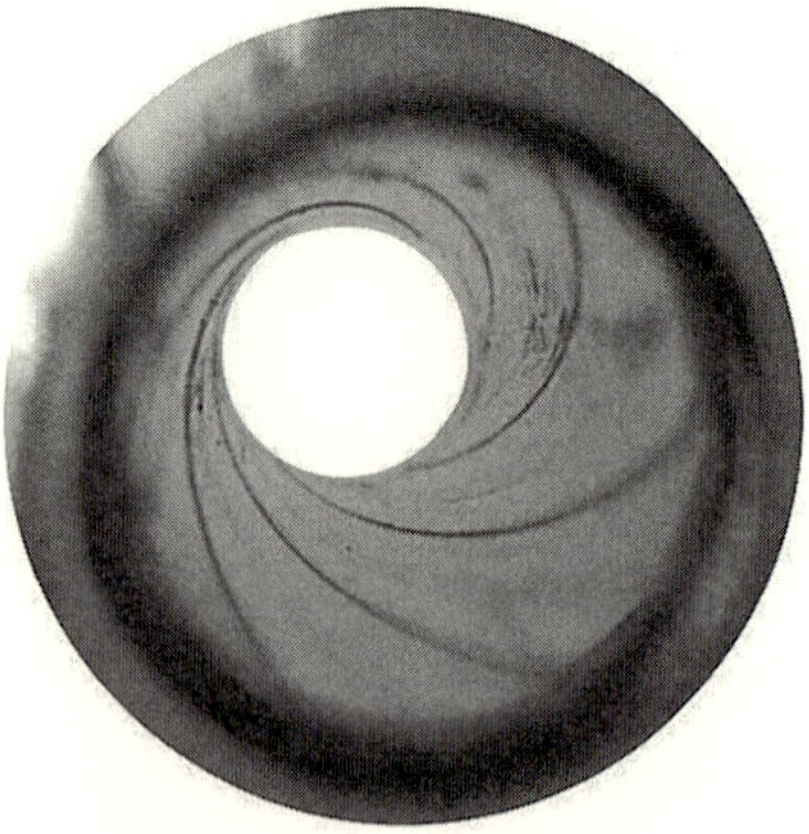

拳銃の銃身内のライフリング（Photo：MatthiasKabel）

▼銃弾を共用するための条件は

例えば、リボルバーに使用される「357マグナム」というタマは、直径が0・357インチ（9・6ミリ）である。これは「38スペシャル」というタマと同じ直径だ（名前には「38」とあるが、実測すると0・38インチではなく、0・357インチしかない）。つまり、357マグナム弾を撃てる銃なら38スペシャルも撃てる。しかし、その逆は不可

ベルギーのＦＮ ＦＡＬは、64式と同じ7.62ミリ弾を使う。タマが共用できるのだ

能だ。タマの直径が同じでも、357マグナム弾は薬莢が長いから、38スペシャル用に作られた薬室（シリンダー）には収まらないからである。

アサルトライフルも同じで、自衛隊の64式小銃は、「7・62ミリ×51」というタマを使う。「7・62ミリ」は口径、「51」は薬莢の長さをミリで表したもの。つまり、口径と長さが一致した同じ規格の弾薬なら共用できる。

一方で、旧ソ連のＡＫ47は「7・62ミリ×39」の短いタマを使うから、同じ口径7・62ミリでも両者に互換性はないのだ。

15 どれくらい遠くの敵を撃てるのか？

現在の最長記録は、Ｍ1狙撃銃で1100メートル、Ｌ115Ａ3狙撃銃で2500メートル

▼狙撃銃はボルトアクション式が主流

スナイパーライフル（狙撃銃）は、ダダダ……とフルオー

ボルトアクション式スナイパーライフルのひとつ、ブレイザーR93ＬＲＳ2

ト射撃をする銃ではない。精密に狙って「初弾必殺」が可能だからこそ、狙撃銃なのだ。

大抵がセミオート式ではなくボルトアクション式で、送弾・装填・発射・排莢を手動で行なう。ボルトアクション式が主流なのは、命中精度が高いからだ。

セミオート式の狙撃銃は、発射と同時に薬莢が自動で排出され、2発目の送弾・装填も自動で行なわれる。つまり、半自動の狙撃銃だ。

このため、1発目のタマが銃身内部を進んでいる間に、つまり銃口からタマが離れる前のわずかな時間に、銃の内部メカが動く。この振動が原因で、ボルトアクション式より命中精度が低くなってしまう。反面、万一初弾を外したとき、2発目が迅速に撃てる点は、ボルトアクション式より優れている。

▼実戦での狙撃記録は

さて、狙撃銃はどれくらい遠くの敵を撃てるのか？

実戦では、ベトナム戦争時に米軍兵士のヴォーン・ニケルが出した、スコープ付きのM1狙撃銃で1100メートルという記録がある。

また米海兵隊のカルロス・ハスコック軍曹は、M2重機関

本来は装甲車などを目標とする対物狙撃銃「バレットM82A１」

銃を単発にして、２３００メートル先の敵を倒した。これは、現代の「対物狙撃銃」で撃つ距離にも匹敵する。

ちなみに現在の最長狙撃記録は、イギリス軍のクレイグ・ハリソン軍曹が、２０１０年にアフガニスタンで打ち立てた２５００メートルである。

これは、対物狙撃銃ではなく「３３８ラプア」という弾薬を使う、Ｌ１１５Ａ３狙撃銃によるものだ。

16　もしフルオートで撃てたら便利？

フルオートで撃てたとしても、精度が落ちて遠距離の敵にはまず当たらないので無意味

▼スナイパーはそもそも連射しない

スナイパーライフルはボルトアクション式かセミオート式で、一発ごとに引鉄を引いて撃つのが常識だ。ではスナイパーライフルをフルオートでダダダ……と連射できれば、狙撃の能力は向上するのだろうか？

結論から言えば、答えは「ノー」である。

そもそもフルオートは精密射撃するためではなく、多数の敵を一度に制圧するためにある。劇画のゴルゴ13は、M-16を使用して狙撃するが、撃つのは1発だけであるように、スナイパーにとって一発必中は当然である。仮に目標を外しても、自分の位置がバレて危険なので、小移動して、別な場所で同じ目標を再び射撃する。フルオートで撃てたとしても、使うのは、大勢に包囲された状態から離脱するときくらいだろう。

▼フルオートでは2発目以降が無駄弾に

そもそも、フルオート射撃では初弾こそ狙ったところに命中しても、2発目以降は反動で弾着がバラける。前項で述べたように、オートマチック式の銃は、銃口から2発目以降のタマが出る前に、機関部の中にある遊底や、シアーという引鉄周りの部品がガチャガチャと動く。この振動が銃身にブレを生じさせる。このブレはセミオート射撃でも問題になるほどだから、フルオートでは余計に弾着がバラけてしまうのだ。

スナイパーライフルでは、目標までの距離が近くても800メートルはあり、通常は千数百メートル、時には2000

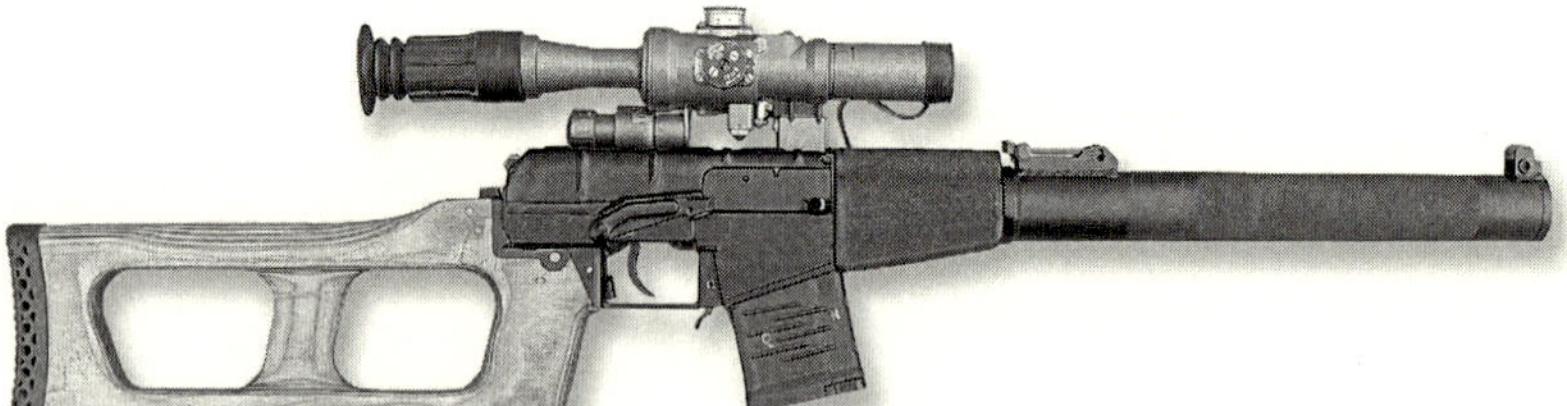

ロシアのＶＳＳヴィントレス。フルオートで撃てる珍しいスナイパーライフルだ（Photo：Plomarkie）

スナイパーライフルのスコープから見える景色。非常に遠くへの射撃になるため、手元が数ミリブレただけで、着弾地点は大きくズレることになる

メートルもの遠距離狙撃を行なうこともある。これほど遠距離の目標を狙うのだから、銃身が数ミリほどブレただけで、発射されたタマのずれは、千数百メートル離れた目標付近では数メートルにも及ぶだろう。

したがって、スナイパーライフルを連射可能にしたとしても、総合的な戦闘力は向上するかも知れないが、狙撃に使う銃としてはたいして恩恵がないのだ。

代表的なアサルトライフル（AK74）

※照尺の代わりに照門（リアサイト）しかついていない銃も多い（Photo：かの よしのり）

代表的なスナイパーライフル（M82バレット）

（Photo：かの よしのり）

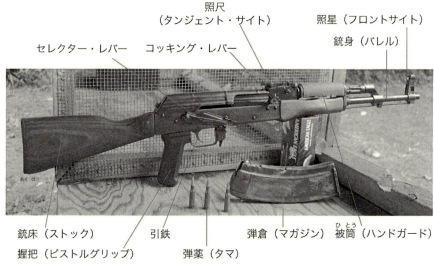

PART3 マシンガン&サブマシンガン

1 アサルトライフルとの違いは?

遠距離はマシンガン、中距離はアサルトライフル、近距離はサブマシンガンと使い分ける

▼アサルトライフルは中距離戦用の基本装備

アサルトライフルと、マシンガン、そしてサブマシンガン。これらの銃に共通するのは唯一、フルオートで連発射撃が可能なことだけである。この3者は、大きさや形状も違えば、用法も使用するタマも違う。使用弾薬が異なるということは、射程や威力も違うということにほかならない。

まず、アサルトライフルは、主として軍隊で歩兵が用いる銃だが、陸軍では兵科に関係なく、初級将校以下のほぼ全員が装備しているといってよい。約300メートル以内での歩兵の近接戦闘用小火器として、必要不可欠な銃である。全

制式銃の「M16A 2」を撃つアメリカ陸軍兵士。アサルトライフルは歩兵の頼みの綱となる

長は約100センチ未満で、重量は2〜3キログラムといったところだ。使用弾薬は、口径が5・56ミリだとか7・62ミリといったライフル弾で、有効射程は300メートル前後である。このライフル弾は、拳銃弾よりも口径が小さいタマだが、威力は大きい。

▼遠・近距離はマシンガン、サブマシンガンがカバーする

次にマシンガンだが、これは軍隊の機関銃手が使用するものだ。攻撃だけでなく防御戦闘にも使用されるが、アサルトライフルで撃つには遠すぎる目標を狙う。ライフル弾を使用する軽機関銃は、全長こそアサルトライフルと大差ないが、重量は7〜12キログラムもある。重機関銃となると、その重量は数十キログラムもあり、数人掛かりで運搬するほどの代物だ。それだけに、使用弾薬は12・7ミリとか14・5ミリといった大口径で、有効射程は800〜1000メートルにも達する。そして、軽、重どちらも大抵はベルト給弾方式である。

サブマシンガンは小型軽量なため、軍隊ではヘリコプターや、戦闘装甲車両の乗員が護身用として装備する場合が多い。拳銃弾を使用するため、マシンガンほどの威力はない。大きさや重量もアサルトライフルの半分程度で、タマの威力や射程に至っては半分以下。特に有効射程は約50メートルと短い。このため、サブマシンガンは所詮護身用でしかなく、攻撃・防御戦闘の両局面においても、主力火器として用

旧ソ連のサブマシンガン「PPSh-41」。軽機関銃よりコンパクトだ

いることはまずない。

2　軽機関銃とは何？　分隊支援火器とは？

マシンガンは、サイズ、重量、口径、さらに使用用途などでいくつかに分類できる

▼サイズや重量による分類

マシンガン（機関銃）は、その大きさ・重量・口径などで、「重機関銃」と「軽機関銃」に大別される。

前者はブローニングM2のように、ひとりでの運搬・射撃が困難で、重量は数十キロもある。後者はM60のように10キロ前後と軽量で、1名でも取り扱いが可能だ。

▼使用目的による分類

また、使用目的別に「汎用機関銃」とか「分隊支援火器

M60機関銃。7．62ミリNATO弾を使用する軽機関銃であり、汎用機関銃とも分類される。立射、膝射、腰だめ射撃ができるが、二脚、三脚なしでの射撃は照準が難しい

（ＳＡＷ）」などと分類する方法もある。

汎用機関銃としてはＭ60が有名だが、早い話が、さまざまな用途に使える軽機関銃のこと。歩兵部隊の機関銃手は、これを抱えて攻撃前進する。いざ突撃となれば、映画のランボー風に腰だめで射撃するのだ。逆に防御戦闘では、地面に据え付けて正確に射撃できる。

Ｍ２４９　ＭＩＮＩＭＩ（ミニミ）などの「分隊支援火器」は、ライフルが主力である分隊（7～8名）に不可欠だ。ライフルより装弾数も多く、強力な火力で分隊をサポートすることから、分隊支援火器と呼ばれる。

一方、サブマシンガン（短機関銃）は、拳銃よりは大きく、軽機関銃より小さな火器だ。大抵の軽機関銃はライフル弾を使用するが、短機関銃の弾薬は拳銃弾で、射程は短く威力も弱い。機関銃のようにダダダ……と連発で射撃できるが、ベルト給弾ではないから、装弾数も比較にならない。

しかし小型軽量で、取り扱い容易な長所がある。このため警察や特殊部隊で多用されるほか、戦車兵やパイロットの護身用にも使われる。

Ｍ２４９。歩兵と同じ弾薬（５．５６ミリＮＡＴＯ弾）を共用できる軽機関銃として、ベルギーのＦＮ社によって設計された。二脚が標準装備されており、簡単に携行できる

3　マシンガンの役目は敵を横から撃つこと？

防戦ではマシンガンを「側防火器」として使い、敵に十字砲火を浴びせるのが効果的

▼防御戦闘はマシンガンの独壇場

マシンガンは、攻撃と防御のどちらの局面でも有効な火器だが、特に防御戦闘では、これほど頼もしい味方はない。

真正面の敵を撃つことだけがマシンガンの役目ではない。むしろ、防御では真横から敵兵を狙い撃つ方が重要なのだ。

一体なぜか？　実は、どこの国でも防御陣地の鉄条網は、敵に対して並行かつ一直線に設けずに、ギザギザの鋸刃状に設置する。

そして、陣地を突破しようとする敵兵に対し、真横から撃てる位置にマシンガンを配置しておく。つまり、隣接する味方の機関銃と、互いに射撃方向がクロスするように据え付けるのだ。このような配置のマシンガンを「側防火器」と呼ぶ。

マシンガンの効果的な運用法

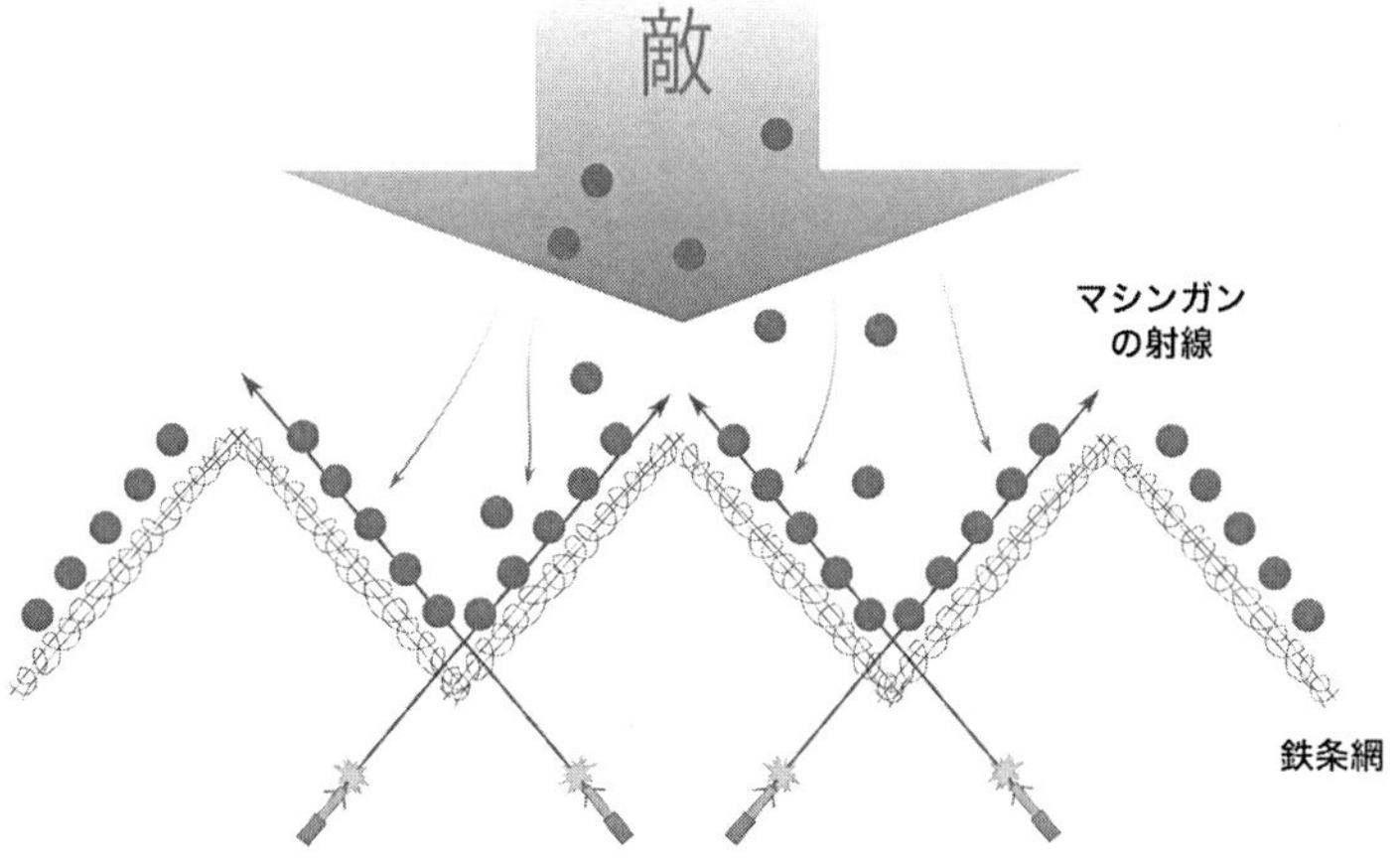

「側防火器」による防御。鉄条網に突撃してくる敵兵を真横から撃てる位置にマシンガンを配置する

そして他の火器と同様に、マシンガンも穴を掘って隠れ、その上に丸太や鉄板などを被せて土を盛り、草木でカモフラージュもする。

マシンガンの銃身は左右に振らずに固定して、わずかに開けた銃眼孔から、鉄条網の所で一列に重なった敵を、真横から撃つのだ。

▼最終局面では存分に撃ちまくる

普通はマシンガンといえども、6発や12発に区切って「短連射」をする。だが、いよいよ敵歩兵が突っ込んできたら「突撃破砕射撃」を行なう。銃身が過熱して交換が必要となる寸前まで、引鉄を引きっぱなしで１００連射、２００連射と撃ちまくるのだ。

4　マシンガンは狙撃もできる？

マシンガンは射程が長く、精度も悪くない。単発撃ちすれば、スナイパーライフル代わりにも

▼マシンガンで遠距離狙撃を行なった実例

マシンガンと言えば、ベルト給弾方式でダダダ……と連発（フルオート）射撃するイメージを持つ人も多いだろう。その通りでマシンガンは、遠距離にいる大勢の敵兵に弾幕射撃するための銃である。撃ちまくれるかわりに命中精度はかなり低いというイメージもあるかもしれない。そのマシンガンで、スナイパーライフルのように、1発ずつ遠くの敵兵を狙って撃つことは可能なのだろうか？

答えはイエス、だ。

古くは朝鮮戦争にも実例がある。また、１９６７年のベトナム戦争では、スコープ付きのM-2重機関銃を狙撃銃（スナイパーライフル）代わりにして、単発（セミオート）射撃で見事に敵を仕留めた兵士がいる。彼の名はカルロス・ハスコック軍曹、米海兵隊随一のスナイパーだった。

現代ならば、M2重機関銃と同じ弾薬の「.50BMG」という、口径が１２・７ミリもあるデカいタマを使う「対物狙撃銃（アンチ・マテリアル・ライフル）」が存在する。しかし、当時の米軍には、そうした大口径で長射程のスナイパーライフルはなかったのだ。そこで機関銃が使われた。

このように、本来は遠距離にいる多数の敵兵に対して連発

ブローニングM２重機関銃。第一次大戦末期にジョン・ブローニングによって開発された。三脚なしの重量は約38キロで、歩兵が運用する場合には３名のチームが基本となる

射撃を行なうマシンガンで、単発射撃で狙撃を行なった例は他にもある。

１９８２年のフォークランド紛争でも、同様にアルゼンチン軍がM-2重機関銃を単発にし、英軍を遠距離狙撃して悩ませた。英軍は、そこまでの長射程の小火器を持っていなかったのだ。結局、英軍はアルゼンチン軍の重機関銃陣地に対し、高価なミラン対戦車ミサイルを撃ち込んで陣地ごと吹き飛ばす、という荒業で対抗している。

▼スナイパーライフルの歴史は意外にも浅い

歴史的には、スナイパーライフルよりもマシンガンの方が誕生は早かった。１８６２年には、手動式ながらマシンガンの元祖というべきガトリング砲が出現しているし、近代的なマシンガンとしては、１８７１年登場のホチキス機関銃がある。これに対し、スナイパーライフルという銃のカテゴリーは、第二時世界大戦頃に確立されたもので、射程ではマシンガンに及ばない時代が長かった。

5　銃身に多数開いている穴は何？

射撃によって発生した熱を冷ますためのもの。銃身が過熱すると、命中精度も下がる

▼マシンガンの最大の敵は熱

戦争映画に登場するマシンガンやサブマシンガンを見る

と、銃身を覆う筒状の部分に、たくさんの穴が開いていることに気付く。

これは、お察しのように、過熱した銃身を冷やすためだ。フルオートで射撃をしていると、たちまち銃身が熱くなり、素手で触れると火傷を負う。それでも無視して撃ち続けると、銃身が赤熱して柔らかくなり、命中精度もガタ落ちになる。

重機関銃などの銃身に開けられた穴は、冷却のため（Photo：ILA-boy）

▼いかにして銃身を冷やすか

連射時の精度低下を避けるため、各国はマシンガンの銃身を冷やす方法をさまざま模索してきた。19世紀末に出現したマキシム機関銃は、銃身を水が入った太い筒で覆う「水冷式」を採用した。この水冷式は当時の主流となったが、構造的に重くなる欠点があった。しかも、戦場で常に水が補給できるとは限らない。このため、第二次世界大戦時には廃れてしまった。

これにかわり主流となったのが、「空冷式」だ。

空冷式のひとつは、オートバイのエンジンのような、ヒレ状のフィンを設けて放熱するというものだ。空気と触れる面積を少しでも多くすることで排熱をスムーズにさせている。日本陸軍で使用した九二式重機関銃や、自衛隊の62式7・62ミリ機関銃がそうだ。

そしてもうひとつが、M2重機関銃などのように、銃身を穴の開いた筒で覆う方式である。現在では、銃身を肉厚にして、放熱効果を高めるなどの工夫も登場している。

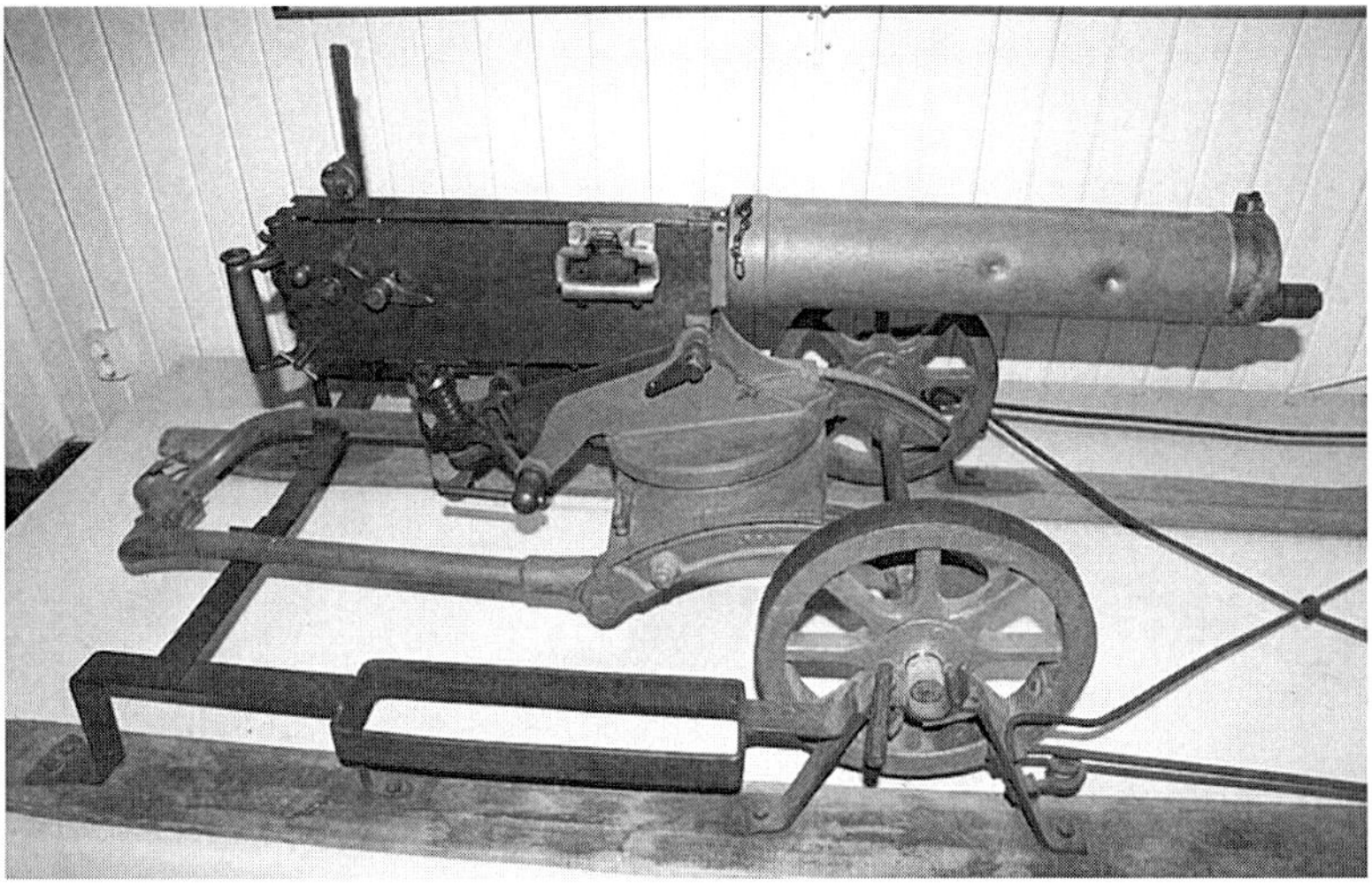

水で銃身を冷やすマキシム機関銃

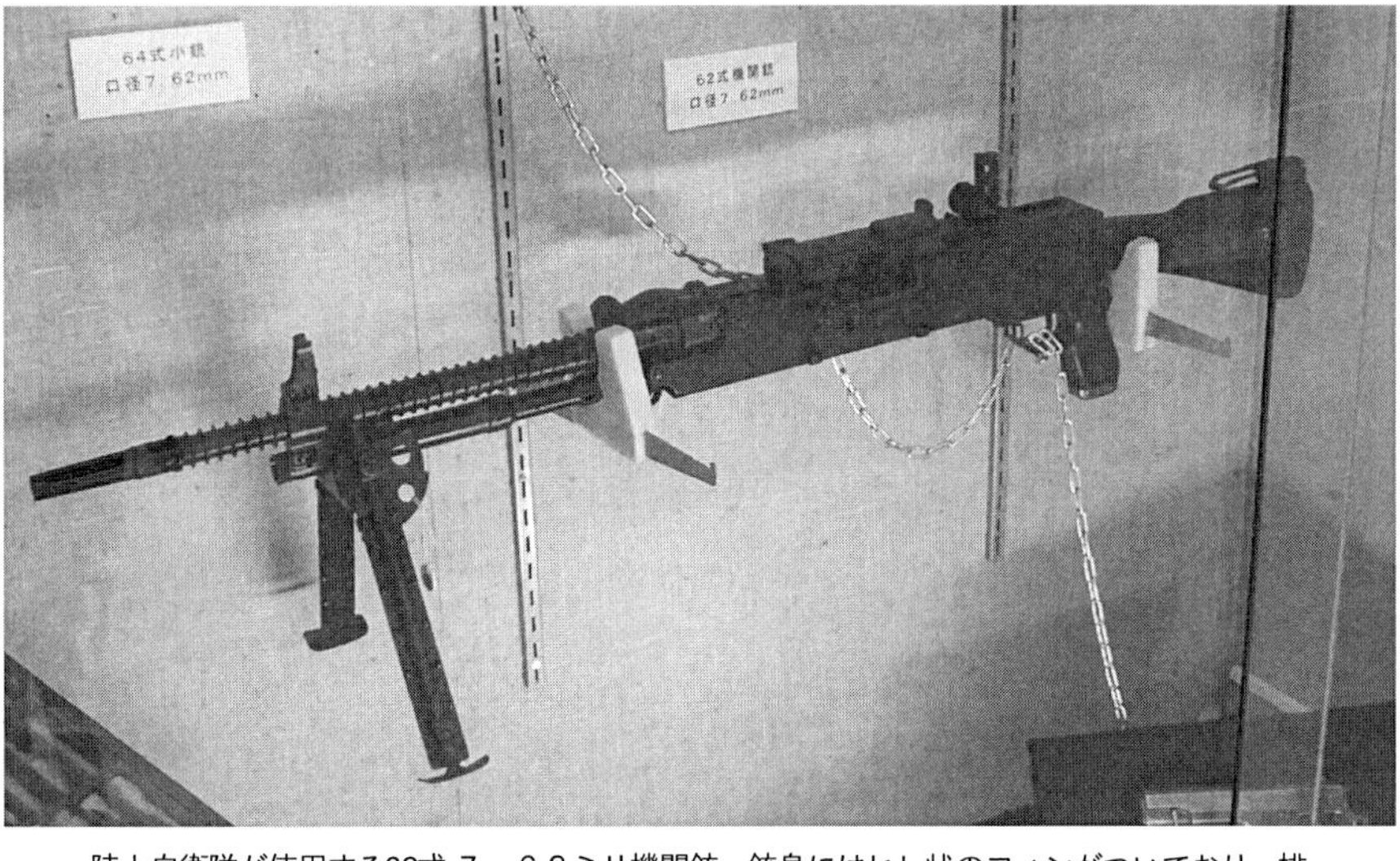

陸上自衛隊が使用する62式 7．６２ミリ機関銃。銃身にはヒレ状のフィンがついており、排熱の役割を果たしている

6 マシンガンと弾薬はどうやって運ぶ？

軽機関銃はひとりで運ぶ。
重機関銃は、本体は分解して複数で、タマは弾薬手が運ぶ

▼機関銃の重さはキロ〜数十キロ

マシンガンは、大きさや重量で「軽機関銃」と「重機関銃」に分類されることはすでに書いた。

軽機関銃は10キロほどの重さで、大柄な欧米人でなくても、ひとりで携行できる。

米軍が分隊支援火器（SAW）と呼ぶ5・56ミリ機関銃「MINIMI（ミニミ）」は、自衛隊でも使用されているが、その名はフランス語で「ミニなミトライユーズ（機関銃）」を略したものである。それだけに重量も6・85キロと軽く、歩兵が使うアサルトライフルの倍程度でしかない。使用する際もこの程度の重量なら、体格にもよるが、アサルトライフルのように肩付けして撃てる。

ところが、重機関銃は数十キロもある。とてもひとりでは運べない。人力運搬しか手段がないなら、分解して運ぶ。そ

ＭＩＮＩＭＩを肩付けで構える米海兵隊兵士

金属製の弾薬箱は、マシンガンやアサルトライフルの弾薬を携行するときに便利だ（Photo：かの よしのり）

れでも短距離しか運べないので、射撃陣地の位置を変更する場合など、小移動の際に限られる。

ただしもちろん、現代の陸軍は最低でも「自動車化」されているから、ジープやトラックで弾薬と一緒に運搬できるし、ヘリコプターで空輸も可能だ。

▼機関銃弾を運ぶのが仕事の兵士もいる

弾薬は、ひと梱包が１０００発単位の大きな木箱に、運搬に使う金属製容器と一緒に入っている。この金属製弾薬箱、ミリタリー・ショップでも売られているが、これにベルトリンク式の弾薬を入れ、小分けにして運ぶのだ。

重機関銃の場合は、弾薬手という役目の兵士がいて、弾薬の運搬・装填を行なう。これに対して軽機関銃は、各国軍の編成で弾薬運搬の方法は異なっている。

ひとつは、機関銃手と副機関銃手がペアとなり、前者が射撃、後者が弾薬を運搬する方法だ。２つ目は、機関銃手一人で射撃も弾薬運搬も行なう方法で、一人で操作できる分隊支援火器はこの方法である。

弾薬を一人がどのくらい携帯するかと言えば、これも国によって違う。重機関銃で千発単位、軽機関銃などで三百発前後だろう。持ちきれない弾薬は、戦争映画の描写にあるように、ベルトリンク状の弾薬を、同じ分隊の歩兵が体に巻きつけるようにして、分担携行するのだ。

7　タマを補給しつづければ〝無限に〟撃てる？

機関銃内の作動部品が耐えられず、十数万発が限界。戦車などの重機関銃でも数十万発

▼銃身は水冷式が望ましい

無限に撃てるマシンガンがあれば、それは歩兵にとって夢のような話だ。現実には不可能でも、理論的に可能か考察してみよう。

まず、過熱対策として、銃身を水冷式に改造する必要があるだろう。マシンガンの場合、銃身自体の耐用命数は数万発と言われ、それを超えると精度低下などの問題が発生する。

しかし、今回は無限に撃ち続けることに挑戦するだけだから、命中精度は度外視して、単なる筒として機能すればよいとしよう。

旧ソ連の「ＲＰＤ機関銃」の弾薬は、ご覧のように１００発ずつ繋がったベルトリンク式である

▼弾薬はリンク分離式のものを使う

次はタマの問題だ。天文学的数量の弾薬を調達できたら、いよいよ装填の準備を行なう。マシンガンの弾薬と言えば、大抵はベルトリンク式だ。この弾薬には、タマ同士を繋ぐ金属製のリンクが分離する物と、分離しない物がある。

例えば、旧ソ連のＲＰＤ機関銃で使用するのは、後者の弾薬だ。リンクは1発毎に分離せず、最初から１００発分が繋がっている。これに1発ずつタマを差し込んでいく。こうして完成した弾薬を、専用のドラムマガジンに収納するのだ。

ＲＰＤの使うドラムマガジン

だがこれでは、連続で１００発しか撃てない。では、リンク分離式の弾薬を使うマシンガンなら無限に撃てるのか？

答えはノー。横方向にベルトリンクを延々と繋げた弾薬を用意できたとしても、内部の作動部品が破損して、せいぜい十数万発で射撃が止まってしまう。軍艦や戦車に備え付けられている、より大きくて高性能な重機関銃でも、連続発射すれば数十万発しか撃てないと言われている。やはり、無限に撃ち続けることはできないのだ。

8　ガトリングガンとマシンガンの違いは？

マシンガンは単銃身で連射。
ガトリング砲は複数の銃身が回転して装填と発射を繰り返す

▼ガトリングガンは多銃身が特徴

ガトリングガンは、南北戦争時代の米国で誕生した「機関銃の元祖」だ。
手でハンドルを回すことで、6本あるいは10本とか、複数の銃身から次々とタマが発射される。つまり、一般的なマシンガンは銃身がひとつしかない「単銃身」だが、ガトリングガンは「多銃身」なのだ。

しかもこのガトリングガン、ハンドル1回転分撃ったら終わり、ではなかった。ハンドルを回せば弾倉から次のタマが送られ、装填され、発射され、薬莢が排出され続ける。手動ながら、全自動式のマシンガンと同様に、一連のサイクルで作動したのだ。

これを発明したのは「リチャード・ガトリング」という人で、世界各国で売れた。幕末の日本でも、長岡藩などが数挺を購入している。

南北戦争時代に誕生した10本銃身タイプのガトリングガン

▼今も生き続ける「銃身回転」のコンセプト

その後、近代的で取扱いが容易なマシンガンが普及すると、これに押されて大掛かりなガトリングガンは廃れたが、その設計コンセプトは、現代に受け継がれている。

例えば、最も有名なのが、戦闘機などに搭載される「20ミリバルカン砲」（「バルカン」とはM61の愛称）だろう。その亜種として、艦艇に搭載される「ＣＩＷＳ（近接防御兵器システム）」がある。これは、敵機や対艦ミサイルを撃ち落すのが役目だ。また「Ｍ１３４ミニガン」は７・６２ミリ弾を使い、人が抱えて撃てる。

　これらは、玩具の電動ガンと同様、モーターを利用して送弾・装填・発射・排莢を行なう。まさに、現代版ガトリングガンである。

Ｆ-16、Ｆ-22などが搭載するM61 20ミリバルカン砲

持ち運びも可能なＭ１３４ミニガン

9　なぜギャングはサブマシンガンを好んだ？

サブマシンガンの有用性を最初に見出したのは、20世紀初頭のドイツ軍とギャングだった

▼塹壕戦の戦訓から生まれたサブマシンガン

第一次世界大戦の塹壕戦で、米軍はショットガンを活用したが、ドイツ軍が重視したのはサブマシンガンだった。拳銃弾を使用し、射程も威力も小さなサブマシンガンだったが、塹壕戦では大活躍した。なぜなら、コンパクトで連射できたからだ。

戦後、米陸軍退役中将の「ジョン・T・トンプソン」は会社を設立し、米軍を相手に、自分の名前を付けたM1928トンプソン短機関銃を売り込んだ。これを略して、トミー・ガンと呼んだ。

「これからは、サブマシンガンの時代だ。使用弾薬も45口径がよいのだ」と、自信たっぷりのトンプソンだったが、米軍には少数しか売れなかった。保守的な上層部がその必要性を感じなかったのだ。戦術上、さまざまな戦闘の局面で使用できる汎用性のあるライフルの方が優れていると考えたためだ。

そこで、彼はM1928を、民間の銃砲店で販売することにした。

▼接近戦能力にギャングが目をつけた

当時の米国は禁酒法が制定された頃で、アルカポネなどのギャング（イタリアン・マフィア）が抗争の日々を送っていた。そこへM1928が登場したものだから、ギャングらがこぞって買い求めた。

何しろ、タマは拳銃弾ながらダダダダとフルオート（連発）で撃てるため、町中での接近戦には効果的であった。少々高価だがギャングにマッチした銃であり、魅力的だったのだ。

かくして、激化する抗争に介入するため、FBI（連邦捜査局）までM1928を購入することになった。

結局、陸軍がM1928を大量採用したのは、トンプソンの死後、第二次世界大戦勃発後のことである。このときやっと、米陸軍の上層部が接近戦に有効だと痛感するに至ったた

めだ。

10 サブマシンガンは、軍よりも警察向け？

連写性能に加えて、警察には破壊力や射程よりも「コンパクトさ」と「精度」が重要

ギャング映画でのM１９２８

▼アサルトライフル登場以降は犯罪現場が主戦場に

第一次世界大戦でドイツ軍が使用したサブマシンガンは、

第二次世界大戦で使われたM１９２８

敵味方入り乱れての塹壕戦で活躍し、その後各国軍に普及していった。

しかし、第二次世界大戦後にアサルトライフルが登場すると、サブマシンガンは軍隊よりもむしろ警察などの法執行機関で多用されるようになる。特に、世界的にハイジャックなどが続発した１９７０年代、対テロ用の銃としてサブマシンガンが定番となった。

▼精度向上のために開発された「オープン・ボルト」方式

そのサブマシンガンのなかでも定番中の定番、それがＭＰ５シリーズである。

従来のサブマシンガンは、大抵が「オープン・ボルト方式」だった。射撃前から遊底（ボルト）が開いていて、引鉄を引くと同時に遊底が前進する。タマを薬室へ送る瞬間に、撃針がタマの雷管を叩いて発射するという、少々乱暴な仕組みだ。だから、この構造では正確な射撃ができない。

一方、ドイツのＨ＆Ｋ社が開発したＭＰ５は、アサルトライフルなどと同じ「クローズド・ボルト方式」を採用した。これはオープン・ボルト方式と逆に、射撃前は遊底が閉じていて、開くのは排莢するときだけという仕組みだ。当然、この方が良く当たる。

警察が使用するサブマシンガンは、テロリストを制圧できる連射性能も重要だが、単なる「弾丸バラ撒き銃」ではダメだ。アサルトライフルは使用する弾薬にもよるが、威力が強すぎる。そして長射程での精密射撃は、スナイパーライフルの役目だ。

サブマシンガンは、人質を巻き添えにしないためにも、「近距離での高い命中精度」と「屋内でも取扱い容易なコンパクトさ」が必要なのである。だからこそ、軍隊よりも警察で多く使用されるのだ。

慎重にＭＰ５の狙いをつけるドイツ税関特殊部隊ＺＵＺの隊員（Photo：High Contrast）

オープンボルト方式

オープンボルト方式は、遊底が開いた状態から発射する
作動方式。サブマシンガンに多く見られる。

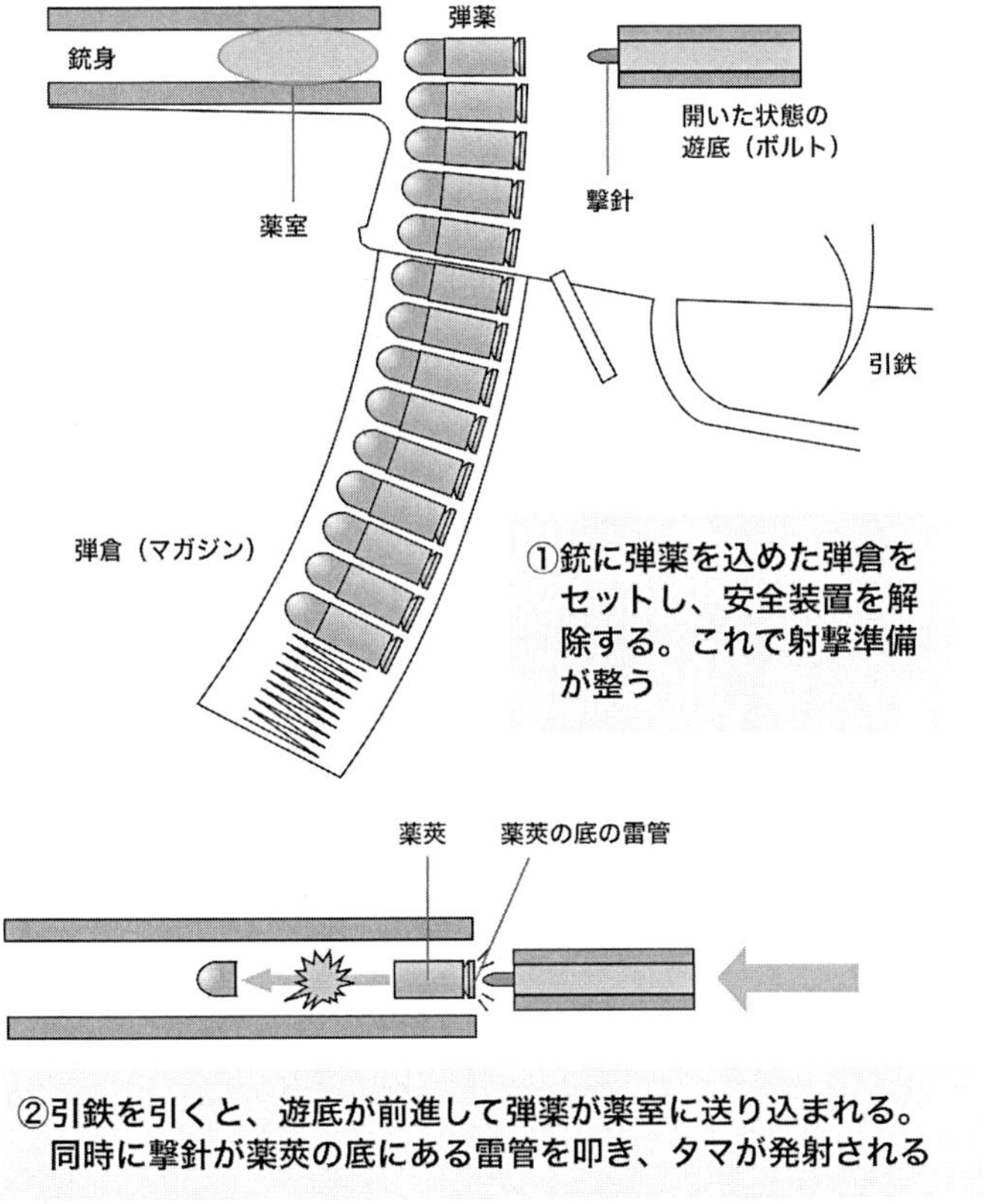
弾薬
銃身
開いた状態の
遊底（ボルト）
撃針
薬室
引鉄
弾倉（マガジン）
①銃に弾薬を込めた弾倉をセットし、安全装置を解除する。これで射撃準備が整う
薬莢
薬莢の底の雷管
②引鉄を引くと、遊底が前進して弾薬が薬室に送り込まれる。
同時に撃針が薬莢の底にある雷管を叩き、タマが発射される

クローズドボルト方式

クローズドボルト方式は、遊底が閉じた状態から発射する自動銃の作動方式。ライフルなど多くの銃に用いられる。

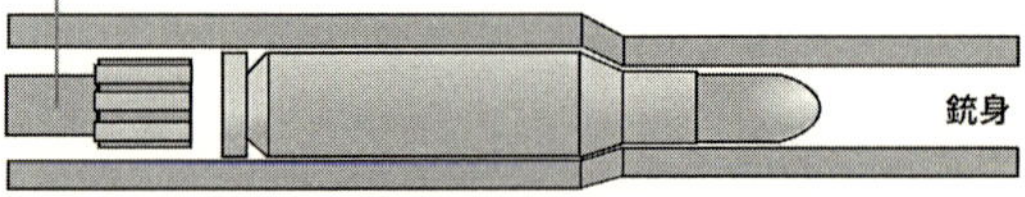

①コッキングハンドルを引き、薬室にタマを装填する

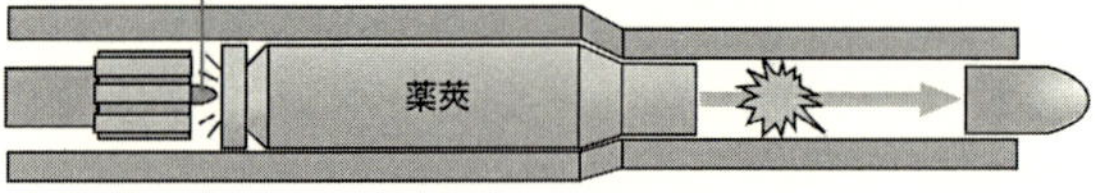

②引鉄を引くと、撃針が薬莢底部の雷管を叩き、タマが発射される

代表的なマシンガン（M249分隊支援火器）

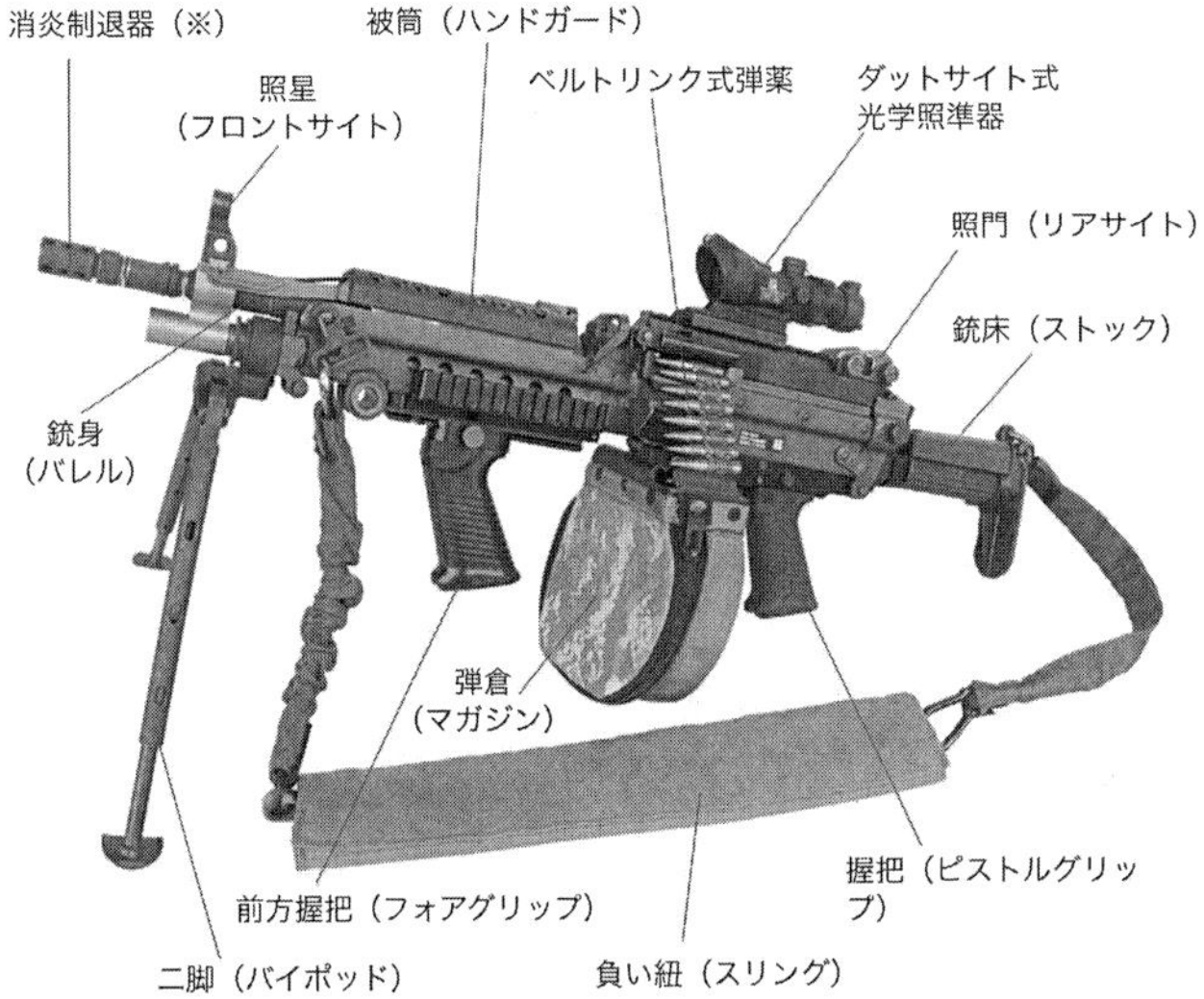

※消炎制退器（フラッシュ・ハイダー）はフラッシュ・サプレッサーとも呼ばれる

代表的なサブマシンガン（MP-5K）

PART4　ショットガン

1　ショットガンは他の銃より命中精度が低い？

有効射程はたった約50メートル。
ただし「スラグ」を使えば短射程ライフルにも

▼点ではなく面で狙う

ショットガンは、精密に狙って撃つ銃ではない。散弾という「弾幕」で目標を包み込むようにし、数粒〜数百粒からなる散弾のうち、何粒かが当たればよい、というコンセプトの銃である。有効射程はせいぜい約50メートルと短く、7・62ミリ弾を使うアサルトライフルの約３００メートルには遠く及ばない。だから、ショットガンには、拳銃やアサルトライフルにあるような、「照門（リアサイト）」すら付いていないものがほとんどだ。

では、どのようにショットガンで目標を狙うのか。

銃身で目標を指し示すようにして、照星を大体の方向に向けるだけ、と至ってシンプルである。これで、発射された多数の散弾のうち、一部が当たるという具合だ。だから、他の銃と命中精度を比較しても、あまり意味がないと言えるだろう。

▼ショットガンで狙撃を行なえるタマがある？

しかし、ショットガンで命中精度も有効射程も向上させる方法もある。一粒弾（ひとつぶだま）と呼ばれる「スラグ」を使用する方法だ。これはショットガンをライフルの代用に使うときのタマで、使用には、銃身を照門と内部にライフルのような溝が付いたスラグ専用のものに交換する必要がある。スラグの形状にはいくつかあって、発射後に安定して飛ぶようタマ自体に溝が刻んである「ライフルド・スラグ」や、砂時計や鼓《つづみ》の形状をしたタマを、サボと呼ぶ分離式容器で包んだ「サボ・スラグ」などがある。

有効射程は約100メートルと倍になるし、命中精度をさらに向上させたい場合は、ライフルスコープを装着することもある。

では、スラグショットを込めたショットガンにスコープを付けると、スナイパーライフルの代用になるのか？　答えはノーだ。

何しろ、スナイパーライフルでは500メートル先を撃つのは当たり前、800メートルもザラで、時には1000メートル以上、対物狙撃銃（アンチ・マテリアル・スナイパーライフル）なら2000メートルも先を撃つことがある。

一方、ショットガンの有効射程は、スラグショットを使用しても100メートルを超える程度。その上、撃ったときの反動は、アサルトライフルで用いる7・62ミリNATO弾の3倍もあり、肩にガツンと来るほど強烈である。とても代用にならない。

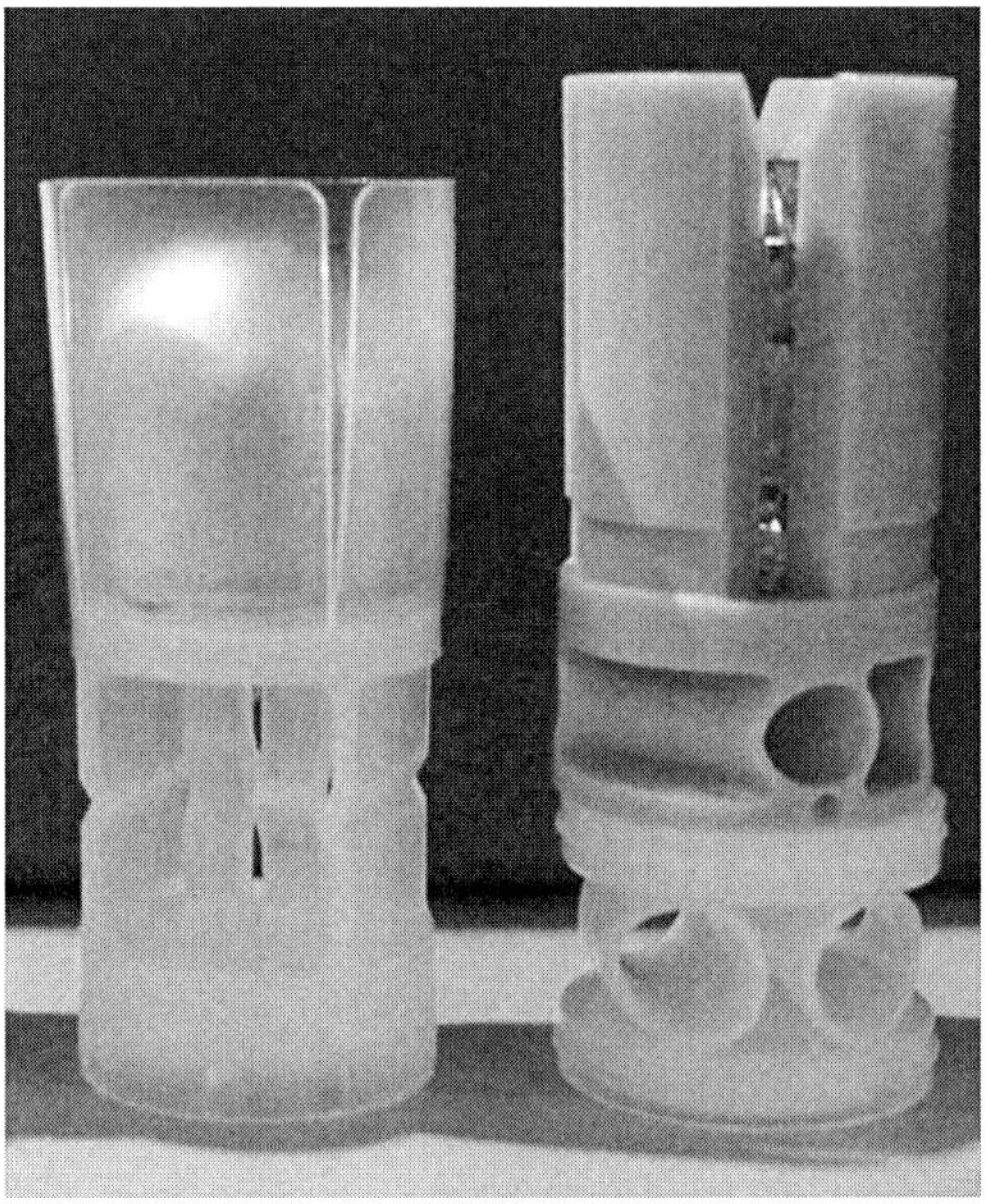
「サボ・スラグ」の例（Photo：Jason Wimbiscus）

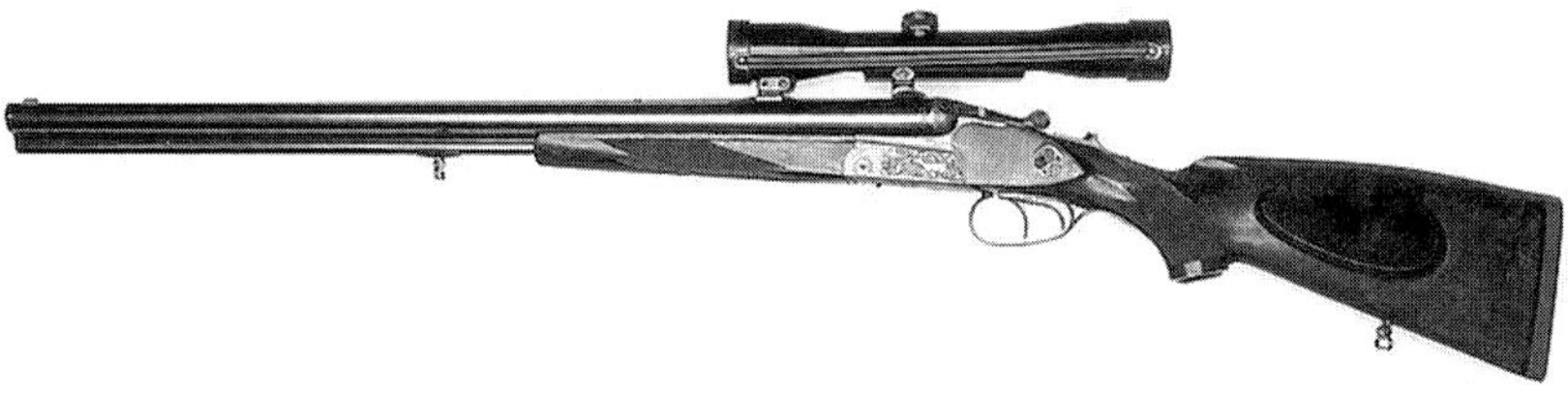
スコープを取り付けたショットガン（Photo：http://www.adamsguns.com/）

2　散弾が散らばる範囲はどれくらい？

50メートル以内なら1.5メートルほど。
銃身のチョークで散らばり具合を調節

▼「ショット・シェル」の中身

ショットガンは、現代でこそクレー射撃などのスポーツや、警察や軍隊の武器として使用されるが、元々は鳥撃ちを主とした狩猟用の銃だ。

ショットガンのタマは「ショット・シェル（＝散弾装弾、略して装弾）」と呼ぶ。装弾の大きさは、「口径7・62ミリ」などと言わず、「12番」とか「410番《よんひゃくとう》」のように、番径（ゲージまたはボア）で表す。

そして装弾の中には、球状で金属製の散弾（昔は、鉛でできていた）が数個〜数百個入っている。

クレー射撃や鳥撃ち用に使う「バードショット」には、米粒よりも小さな散弾が数百個も入っているが、主に鹿を撃つ「バックショット」なら、エアガンの8ミリBB弾より小さな粒が6〜9個入っているだけだ。

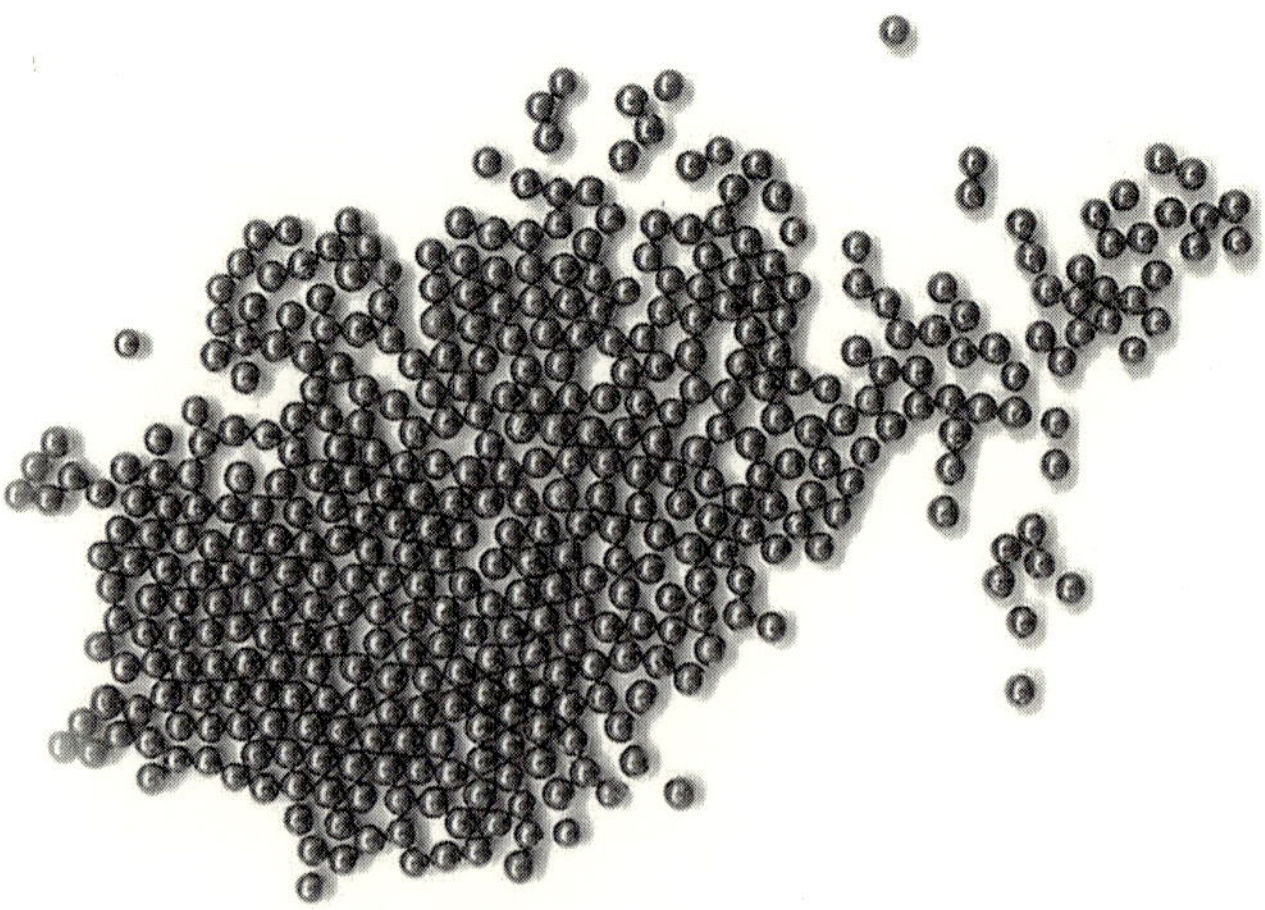

装弾のなかに詰められる散弾

▼「チョーク」で飛び散る範囲を調節する

では、その散弾はどのくらい散らばるのか？

12番バックショット弾

拳銃などの場合、銃身にライフリングという溝があって、空中を飛ぶ弾丸に回転を与えて安定させる。ところが、ショットガンの銃身には特殊なものを除いて溝がない。そのかわり「チョーク」と言って、銃口付近がわずかに絞られている。このチョークが、散弾の広がり具合（パターン）を調節するのだ。

散弾の粒そのものは100メートル以上飛ぶが、有効射程はすでに書いたようにせいぜい50メートル。チョークの絞り具合や距離にもよるが、50メートル以内なら1〜1.5メートルのパターン（散弾の広がり方）になる。

ショットガンのチョーク

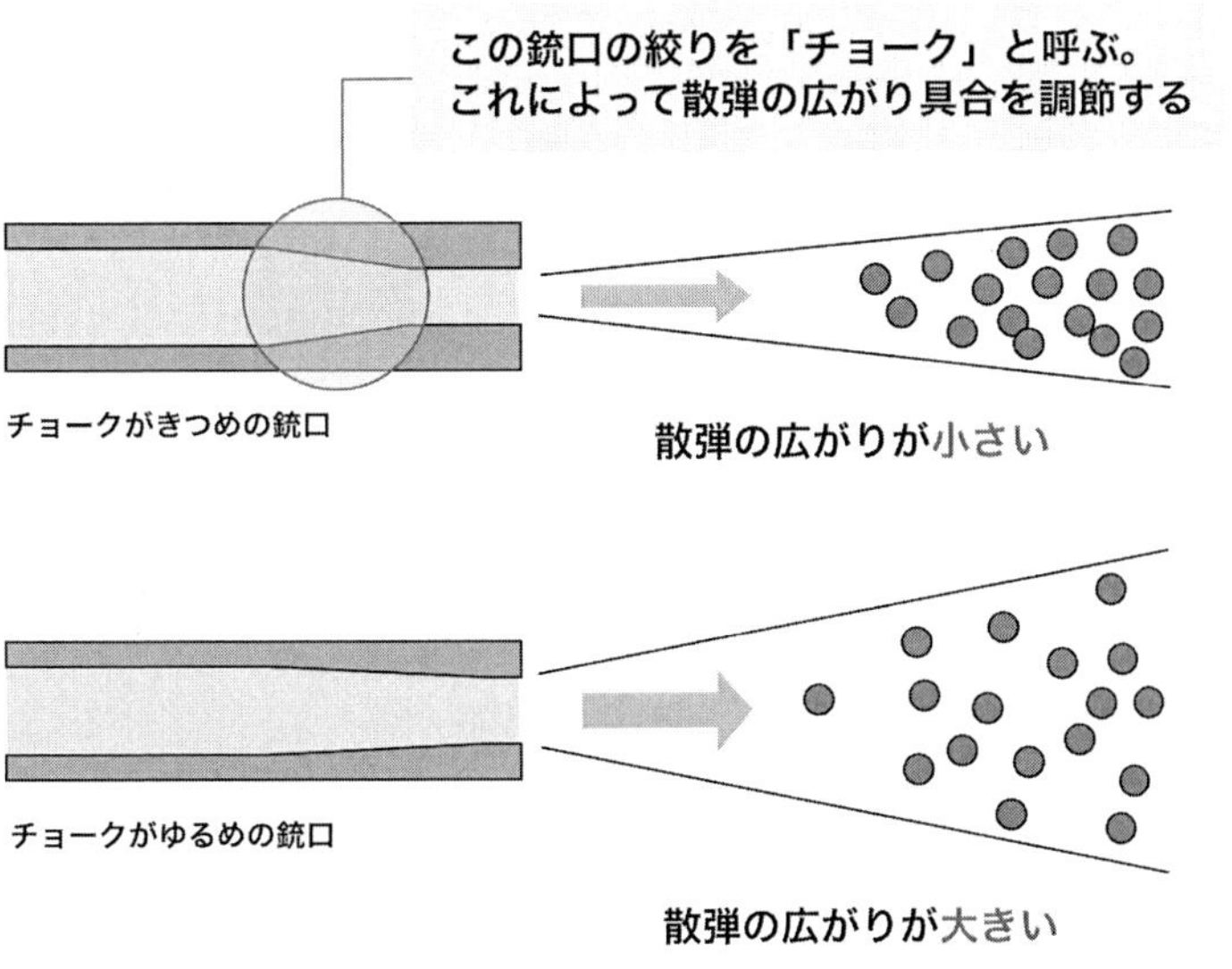
この銃口の絞りを「チョーク」と呼ぶ。
これによって散弾の広がり具合を調節する
チョークがきつめの銃口
散弾の広がりが小さい
チョークがゆるめの銃口
散弾の広がりが大きい

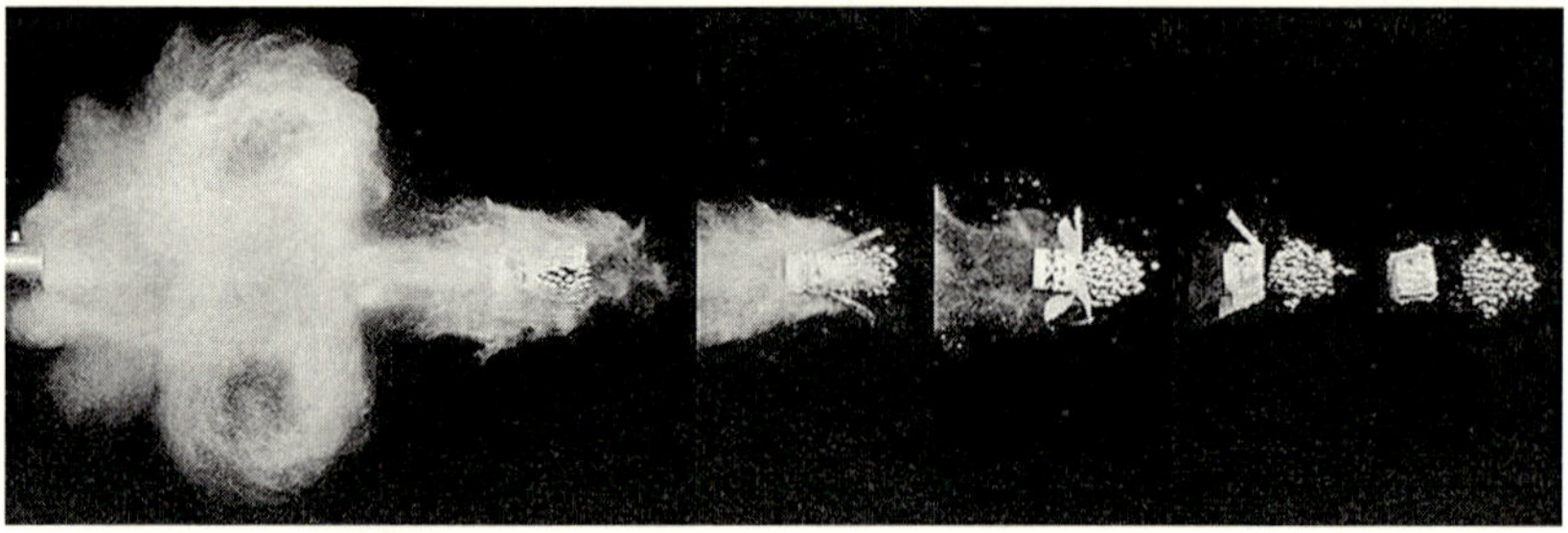

ショットガンの銃口を飛び出した装弾から、さらに散弾が飛び散るまでを捉えた写真
（Photo：Andrew Davidhazy）

3　フルオートで撃てるショットガンはある？

従来は引鉄を引くたびに1発発射だったが、近年ではアサルトライフルに近いタイプも

▼ショットガンには「手動式」と「半自動式」がある

ショットガンは、マシンガンのようにダダダダ……と連発で撃てるのか？

まず、ショットガンを大別すると、「手動式」と「半自動式」の2つがある。

前者の手動式ショットガンは、構造や形状・操作方法などの違いにより、さらに数種類に分かれる。2本の銃身を横に並べた「水平二連式」、上下に並べた「上下二連式」、いずれも銃身ごとに別々の引鉄を持つ。

そして銃身が1本で引鉄もひとつ、先台と呼ぶ部分を操作して装填・排莢する「ポンプアクション式」などがある。

後者の半自動式は、一般的な自動拳銃や半自動のアサルト

ポンプアクション式のモスバーグ５００。撃ち殻薬莢が足元に散乱

ライフルと同様に、引鉄を1回引くたびに1発発射（と、言っても多数の散弾だが）され、撃ち殻薬莢の排出と次のタマの装填が、自動で行なわれるものだ。

両者の利点・欠点だが、これはもう発射速度に尽きるだろう。当然だが、手動式よりも半自動式の方が素早く撃てる。また、手動式はシンプルな構造で高い信頼性を持つ。

逆に半自動式は複雑な構造となり、排莢《はいきょう》不良など、故障のリスクも無視できない。

▼フルオートで撃てる全自動式も登場

一方で、アチソンAA12のような、ダダダダ……と連発で撃てる全自動式もある。これは、「アサルト・ショットガン」という、新しいカテゴリーに属する軍隊専用のショットガンである。市街戦の近距離戦闘で、大勢の敵を相手にする時、特に有効だろう。

従来の半自動式の狩猟用ショットガンでは、銃身の下にチューブ状の弾倉があり、装弾数はせいぜい7発か8発。しかし、AA12は、太鼓状の弾倉（ドラム・マガジン）に20発もタマが入るのだ。

フルオート射撃中のアチソンＡＡ12

4　ショットガンは軍用銃としては弱い？

戦場では必ず起きる接近戦で、ショットガンに勝る銃はない。
ドアの破壊などにも便利

▼ショットガンを戦場で使い始めたのは米軍

ショットガンは、サブマシンガンがそうであるように、主に軍隊よりも警察で使われているイメージがある。しかし、実のところ米軍をはじめショットガンを装備する軍隊は多い。

さて、元々は狩猟用だったショットガンを、戦場で多用したのは米軍だった。第一次世界大戦時にはM１８９７トレンチ・ガンが使われたが、トレンチとは塹壕の意味だ。その後も米軍は、現代までショットガンを使用し続けている。

これに触発されてか、１９８０年代のヨーロッパでは、「コンバット・ショットガン」という新たなカテゴリーの対人戦闘用ショットガンが登場する。これは、最初から軍用として設計された銃で、イタリアのＳＰＡＳ12が有名である。

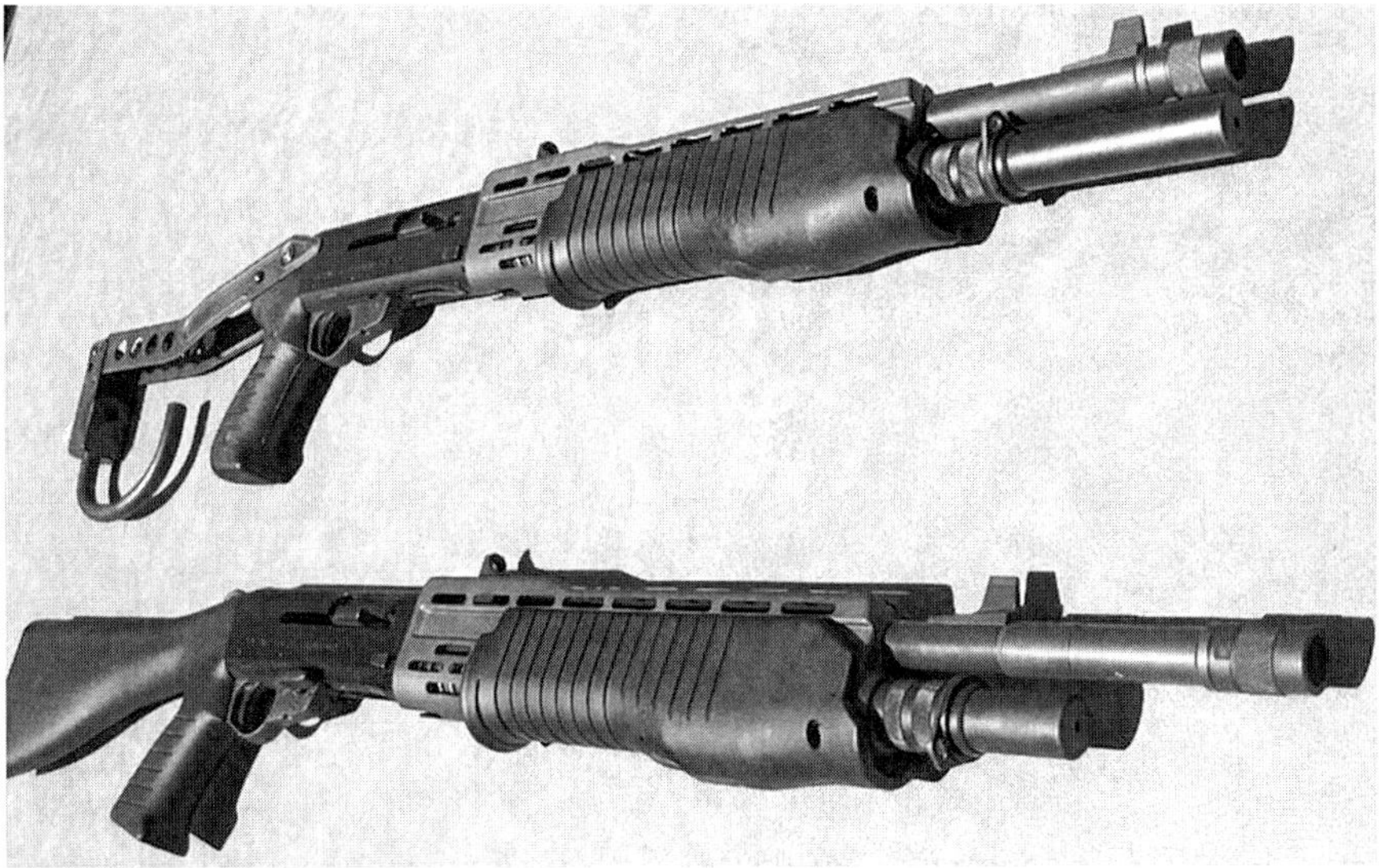

1979年に登場したSPAS12。先台の操作が不要な自動式で、装填した7〜8発を続けざまに発射できる。必要に応じてポンプアクションに切り替えることも可能

▼ショットガンの戦場での役割

では、ショットガンを軍隊が使うメリットとは何か？これはもう、至近距離で敵兵を撃つのに最適で、対人用に絶大な威力を発揮するからだ。何しろ、野戦でも見通しがよい、開けた地形でばかり戦うとは限らない。視界が悪い場所では、突然、敵と至近距離で出会うこともある。

ショットガンでは遠距離目標を撃つとか、精密射撃はできないが、それはアサルトライフルや狙撃銃の役目である。

ショットガンのタマについては後述するが、12番のバックショットがよく用いられる。近年は、屋内での近接戦闘やドアの破壊など、市街戦にも重宝されている。

5　ショットガンvsサブマシンガン
遭遇戦で強いのは？

至近距離ではショットガンが圧倒的だが、
少し離れるとサブマシンガンが有利に

▼対決の前提条件

戦場で、予期せず敵とバッタリと出会い、そのまま交戦が始まることを「不期遭遇戦」という。この不期遭遇戦、見通しが悪い道路や、森林地帯の林縁部、市街地の中心部などでは、しばしば発生するものだ。

では、ショットガンとサブマシンガンでは、どちらが不期遭遇戦に有利なのだろうか。前提条件として、敵は一人でこちらも一人、味方の援護を受けたり遮蔽物の利用はできない。携行弾薬数は両者とも無限と考える。

まず、敵と出会って最初の1発を撃つまでに必要な時間は、ショットガンもサブマシンガンも大差はない。どちらの銃も薬室にタマを装填し、安全装置を解除してを引く、という操作はほぼ同じだ。一方の銃は操作が1回多くて不利、などということはない。

遭遇戦の状況

!!
!!
双方とも角をまがった瞬間
互いに気づき、即座に発砲
ショット
ガン
サブマシン
ガン

▼どちらが先に相手を殺せるかの勝負

もし、5～10メートルの至近距離で敵に遭遇した場合、1対1で互いの姿を堂々と暴露して銃撃戦を行なうのであれば、ショットガンが有利だろう。ショットガンの12番ダブルオー・バックというタマを使えば、6～8粒の散弾を一度に発射できる。散弾の広がり具合を考えたら、5～10メートルなら上手くすれば8粒全弾をぶち込める。8粒同時に被弾したら、初弾で即死させられるだろう。

サブマシンガンは、初弾（1発目のタマ）こそ100％当たるが、残りのタマはバラけてしまい、全弾命中の保証はない。つまり、ダダダダダと6発を短連射した場合、最初の1発は命中するが、残りの全弾（2発目～最終弾の6発目）は外れることもあるのだ。

つまり、両者とも被弾は免れないが、ショットガン側はサブマシンガンよりも被弾数が少なく済み、生き残れる可能性が高いと言える。

一方、これが20～30メートルと、少し遠い距離での交戦となれば、至近距離よりも照準しにくくなるが、1発も当たらないということはない。

この距離では、「数撃ちゃ当たる」のサブマシンガンが有利だろう。両者とも十分に有効射程内ではあるが、ショットガンの散弾は距離が遠くなると、威力が急に低下する。せっかく命中弾を与えたのに、ダブルオー・バックのようなショットガンとしては威力のある装弾を使っても、致命傷とならない場合もあるのだ。

6　ショットガンで撃たれると、後ろへ吹っ飛ぶ？

ショットガンに限らず、銃弾の命中で人は吹っ飛ばない。実際はその場で破裂、ちぎれる

▼後方へ吹っ飛ぶのは過剰演出のひとつ

映画では、ショットガンで撃たれた悪役が後方へ吹っ飛ぶ、というシーンがお約束だが、あれはいささか大げさな演出だ。ショットガンの散弾であろうとライフル弾だろうと、人間の体を後方へ吹っ飛ばすほどの運動エネルギーはない。

1963年、米国のダラスで暗殺されたケネディ大統領だ

が、致命傷となったライフル弾の頭部への直撃は、脳みそが飛び出すほどのダメージだった。しかし、映像では、頭部が大きく揺れて見えた程度だ。

これに対してショットガンのタマは、小さな粒状をした数ミリの散弾が数個～数百個入っている。本来は鹿撃ち用で粒が大きく、対人戦闘に使われる「ダブルオー・バック」という散弾装弾であれば、1粒が当たっただけでも人体に相当な傷を与えることは想像に難くない。しかしそれでも人が吹っ飛ぶことはない。

▼運動エネルギーは人体破壊に使われる

ライフル弾にせよ散弾にせよ、銃のタマは断面積が小さい上にわずか数グラムの質量しかない。ショットガンのタマは、スラグという一粒弾を使っても、その運動エネルギーは7・62ミリのライフル弾と同程度（約3400ジュール）だ。火山の噴石など断面積が大きく重い物体なら、みかん箱ほどの大きさの物が毎秒90メートルの速度で人体に衝突すれば、後方へ吹きとばす力があるだろう（同時に四肢も千切れたりするが）。

だが、噴石の10倍という初速で飛んでくる高速弾でも、噴石より断面積は極小で、運動エネルギーも小さい。人間に散弾が命中しても、その運動エネルギーは人体内部の破壊に消費され、体を後方へ吹っ飛ばすには至らない。その場で手足が千切れたり、頭部が破裂することになる。

仮に、防弾チョッキを着用していた場合であっても、散弾の運動エネルギーは防弾チョッキに吸収され、やはり体が後方へ吹き飛ぶことはない。

7 「へ」の字に折れ曲がるショットガンがある？

後ろからタマを込めるタイプは、銃身手前で2つに折れる。現代では「上下二連」式が主流

▼「後込め銃」はふたつに折れる

「へ」の字に折れ曲がるショットガンとは、一体どのような銃なのか？　まさか、何発も撃つと壊れる、という意味なのか？

16世紀頃に出現したショットガンは、1本の先込め式銃身

を持っていた。当時のヨーロッパでは、これを使って、貴族が優雅に鳥撃ちを行なっていたのだ。

19世紀になると、タマを銃口側ではなく後ろから装填する「後装式」つまり、後込め銃が登場する。これが、折れ曲がるショットガンだ。

銃身を横に2本並べた「水平二連元折れ式（中折れ式、とも言う）」という形式で、1本の銃身ごとにひとつの引鉄がある。引鉄より前方の銃身下部に軸があり、レバーを操作すると、ここを中心に銃が折れ曲がる。

つまり、折れ曲がると言っても物理的に破損する、という意味ではない。タマを装填するときや、2発撃った後に排莢を行なう操作上、折れ曲がる構造になっているのだ。

▼「上下二連」式の登場

「水平二連」の出現後、銃身を上下にした「上下二連」が登場したが、これも同じく折れ式である。

今では水平二連は、クラシックな高級ショットガンを除き、あまり見かけなくなった。現代のクレー射撃では、自動銃は使いにくいので、大抵は上下二連のショットガンが使われる。

ちなみに自動式のショットガンでは、銃身の下部にチュー

水平二連ショットガンを折った状態

ブ式弾倉があり、引鉄の前方下部にある装填口から弾を入れるのだ。

競技で使われる上下二連銃身のショットガン

代表的なショットガン（レミントンM870）

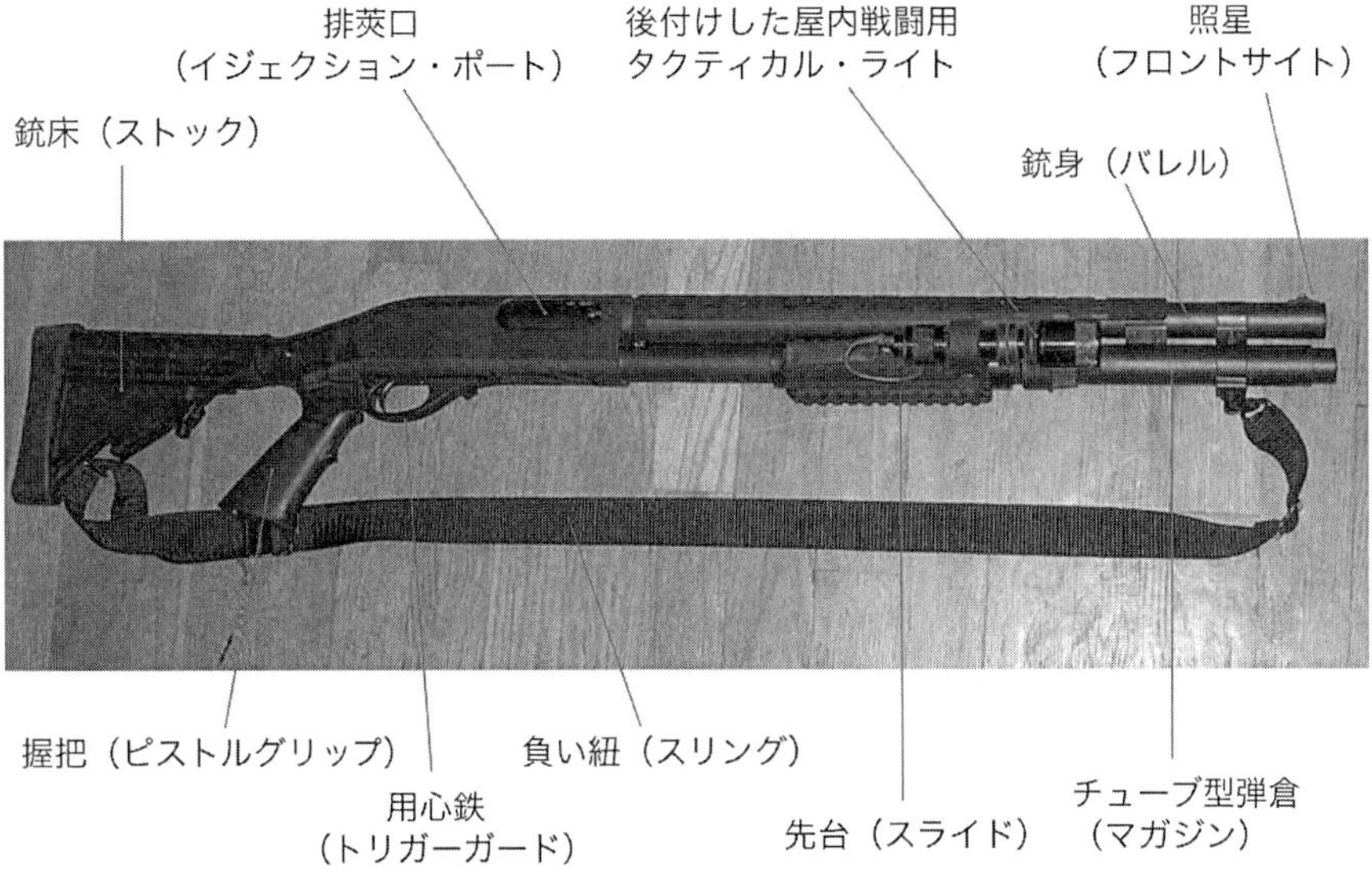

PART5 弾薬&弾丸

1 警察の使うタマは軍隊より凶悪？

周囲に犠牲者を生みかねない犯人を一撃で葬るため、警察の方が、殺傷力にあるタマを使う

▼体内で変形する弾丸「ソフトポイント」

軍隊で使うタマは、鉛の弾頭を金属（銅や真鍮）で覆っている。これを「フルメタル・ジャケット（完全被甲弾）」と呼ぶ。

一方、警察が使うタマは、弾頭が金属で覆われていない「ソフトポイント」が主流だ。このタマは狩猟用としてハンターにも使用される。

ソフトポイントは標的に大きな傷を負わせることができる。鉛でできた弾頭の先端が剥き出しで、獲物に命中すると体内で変形・破砕する。これによって、弾頭の運動エネルギーが体内に効率よく伝わり、フルメタル・ジャケットより高い殺傷効果を発揮するのだ。つまり警察は軍隊よりも凶悪な弾を使用しているとも言える。

そして、ソフトポイントよりさらに威力が大きいタマに「ホローポイント」がある。このタマの先端には穴が開いて凹んでおり、命中すると体内を突き進むさいにキノコ状に変形して、大ダメージを与える。19世紀のインドで製造された「ダムダム弾」をルーツとしており、軍隊による使用は国際法で禁じられている。

▼警官が「凶悪なタマ」を使う理由

現代の軍隊では、フルメタル・ジャケットのタマしか使用していないのは、単にハーグ陸戦条約で使用を禁じられているからで、本音ではより殺傷力の強いタマを使いたいだろう。

このように、軍隊よりも警察や民間ハンターの方が「凶悪なタマ」を使うのは事実だ。だが、犯罪者や害獣を確実に射

9ミリホローポイント弾の発射前（左）、発射されたが無傷で回収された弾頭（中央）、ふたつに分離し、さらに先端が変形した弾頭（右）。ホローポイントは屋内で跳弾が発生しにくいのも警察に好まれる理由のひとつである

殺しなくては、多数の犠牲者や作物の被害が出るとしたら、一撃で確実に倒す方がむしろ〝人道的〟であろう。

2　屋内の銃撃戦ではタマが跳ね回る!?

硬いタマが硬い壁へ斜めに当たると、壁と平行に近い反射角で「跳弾」することがある

▼フルメタル・ジャケットは跳弾しやすい

軍用の普通弾として使われるフルメタル・ジャケットは、砂や柔らかな地面ではなく、コンクリートなどの硬い物に当たると「跳弾《ちょうだん》」になることがある。

タマが硬い物へ直角に命中すれば、大抵は弾頭の方が粉砕される。しかし、平たい石を横手で池に投げたときに起きる「水切り現象」のように、硬い物へ斜めに当たると跳ねて飛ぶことがあるのだ。これが跳弾である。

ソフトポイントやホローポイントのようなタマでは跳弾は起きにくい。何せ、殺傷効果を高めるために、動物の体内

柔らかい材質により、体内で潰れて大きな傷を与えるホローポイント弾

でマッシュルーム状に潰れるくらいに柔らかいからだ。

▼屋内の銃撃戦に安全地帯はない

近年は、建物に篭った武装ゲリラと軍隊が戦う時代である。敵のタマも怖いが、跳弾も怖い。屋内では、壁の材質がペラペラに薄くて余程ヤワでない限り、タマが跳弾となって、壁と平行に近い反射角で飛ぶ。

だから、ビリヤードのような、きれいな射入角と反射角で跳弾することはないが、屋内の銃撃戦では結局どこにいても危険である。廊下のド真ん中にいたら敵のタマに当たるし、壁際にいても跳弾に当たるのだ。

3 近くをタマが通過すると、どんな音がする?

通過時の音はタマの飛ぶ速さで大きく違う。初速が音速を超えていると衝撃波が発生する

▼銃弾の通過音は「パン」か「ピシッ」

自分の近くを弾丸が「ピュン」とか、「ピューン」という音とともに通過していく。これは、映画などの銃撃戦でしばしば耳にする演出だ。しかし、本当にこんな音がするのだろ

うか？

まず、銃口を離れた直後の速度（初速）が音速を超える高初速拳銃弾やライフル弾だと、衝撃波が発生して「パン」という音がする。この音が弾丸の通過音となる。

一方で、大抵の拳銃の初速は、せいぜい毎秒３００メートル程度の亜音速だ。その場合は「パン」ではなく「ピシッ」という感じの通過音になる。

つまり銃の種類に関係なく、「ピュン」「ピューン」などという音はしない。

銃弾の通過音

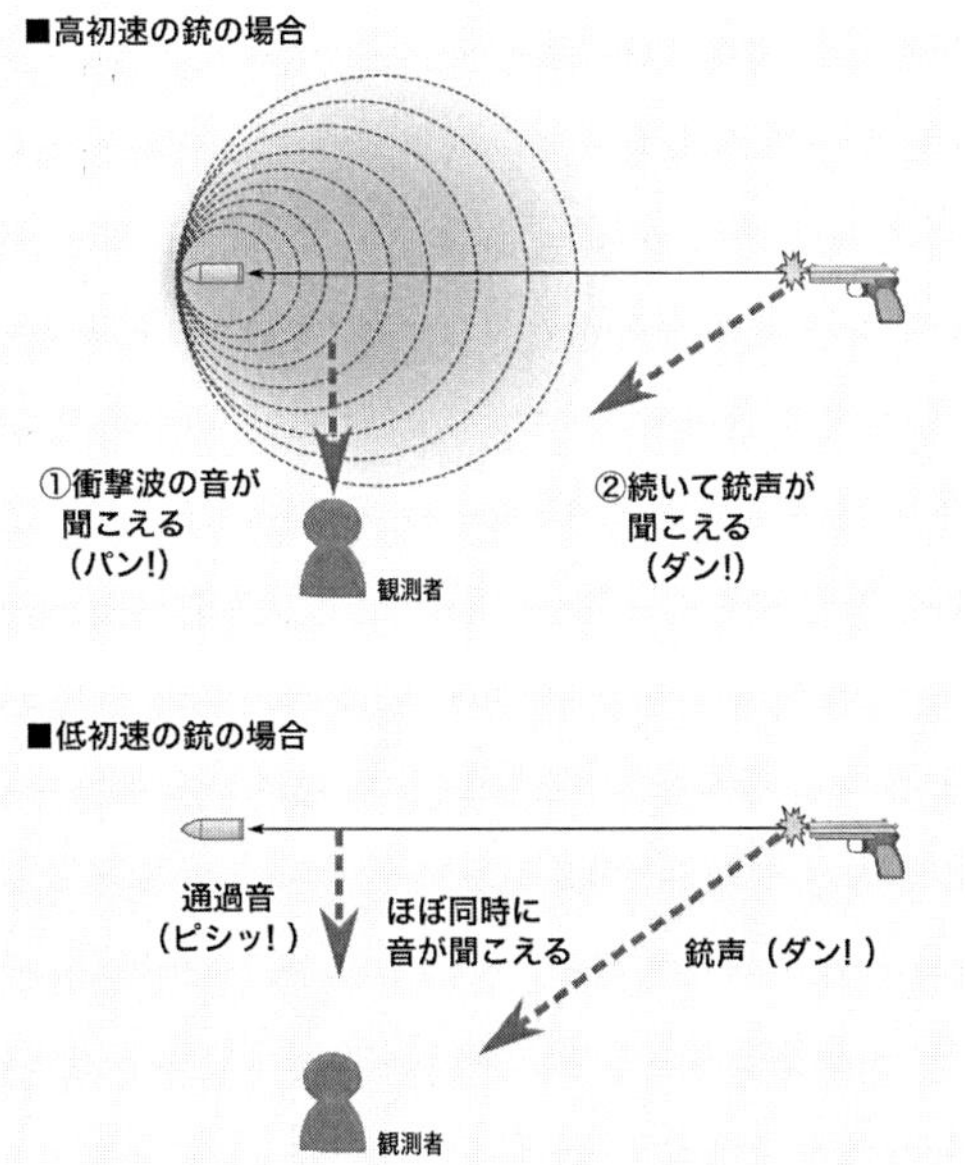
■高初速の銃の場合
①衝撃波の音が
聞こえる
(パン!)
②続いて銃声が
聞こえる
(ダン!)
観測者
■低初速の銃の場合
通過音
(ピシッ!)
ほぼ同時に
音が聞こえる
銃声（ダン!）
観測者

▼自衛隊の監的壕で聞いた通過音

筆者は陸上自衛隊の実弾射撃でこの弾丸の通過音を何度も聞いた。

射場には、射手が撃つ場所から２００～３００メートル離れた位置に、標的を設置する場所がある。この場所は半地下式になっており、監的壕《かんてきごう》と呼ばれる。すなわち退避壕を兼ねた、標的を交換するための場所だ。現在は標的がスクリーン投影式なので監的壕は無人なのだが、以前はここで標的を採点し、滑車で標的を上下させた。

監的の最中には、頭上を通過するライフル弾の衝撃波でまず「パン」と聞こえ、一瞬遅れて「ダン」という射座の銃声が聞こえた。これが低初速の拳銃弾だと、「ダン」という銃声とほぼ同時に「ピシッ」という通過音が聞こえた。

4 銃を撃つと「硝煙の臭い」がする？

「硝煙の臭い」は、火薬の臭いではなく、薬莢の雷管のトリシネートが燃える臭い

小説などで、銃を撃った後に「硝煙の臭い」がする、というフレーズがある。硝煙の臭いとは、どのような臭いなのだろう？

射撃直後に生じる独特な臭い、と言っても、文字で表現するのは難しい。ツンと鼻につく刺激臭と言えばよいのか、モデルガンで使う平玉火薬やキャップ火薬とも異なる臭いだ。

▼現代は発射薬に「無煙火薬」を使う

銃のタマ、真鍮でできた薬莢の中には、「発射薬」という火薬が入っている。19世紀末頃までは、発射薬には「黒色火薬」が使用されていた。黒色火薬の成分は硝酸カリウム・硫黄・木炭で、火縄銃の射撃を見た人ならご存知だろうが、射撃時にもうもうと大量の煙を出す。

だが、現代の発射薬は「無煙火薬」と言って、ニトロセルロースが主成分だ。実際は無煙ではないが、発射時に生じる

煙の量は、黒色火薬より遥かに少ない。

現代の銃は、射撃時にそれほど煙が出ない

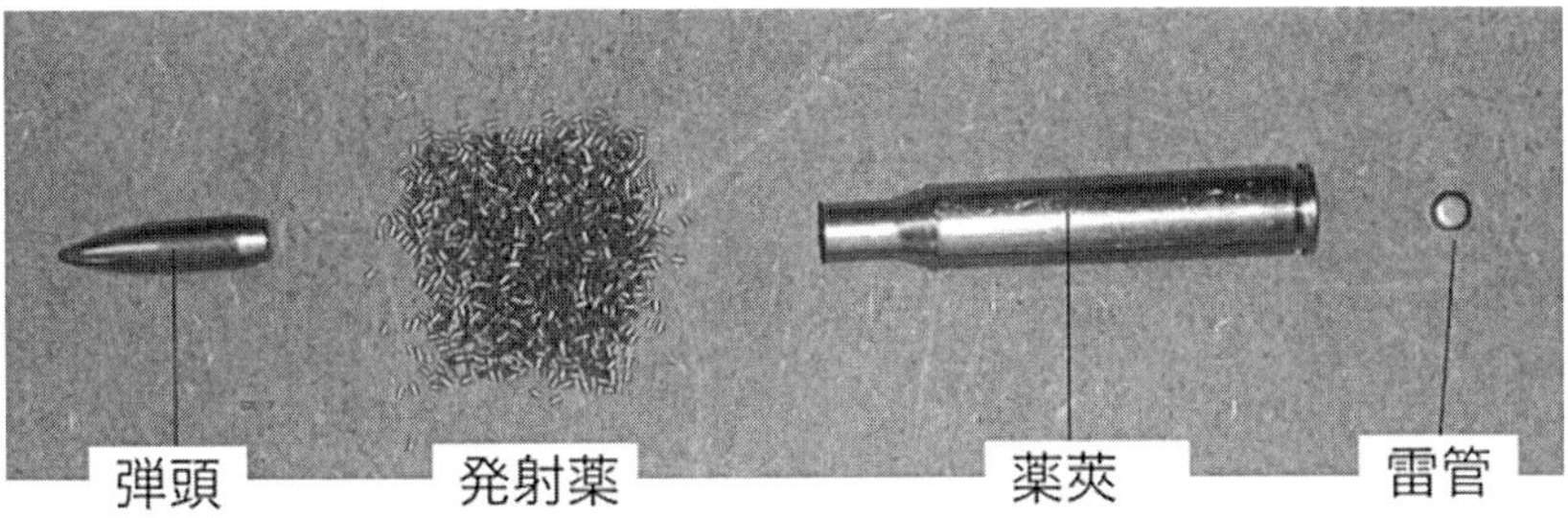

一般的なタマの構造。「雷管」は発射薬を燃焼させるためのもので、トリシネートが中に入っている。「発射薬」は弾頭を飛ばすための火薬。用途が違うため、成分も異なる（Photo：Arthurrh）

▼「硝煙の匂い」の犯人は発射薬ではない

銃の引鉄を引くと、撃針が雷管を叩き、発射薬を燃焼させることで、薬莢先端の弾頭だけが飛んでいく。しかし硝煙の臭いとは、実は発射薬が燃焼して生じる臭いではない。薬莢の底に付いている雷管には「トリシネート」が使用されるが、これが燃焼することで、「硝煙の臭い」が生じるのだ。

5　撃たれたのに無傷のように見えるのはなぜ？

威力の弱いタマは、人体に入るときには小さな傷を、出て行くときには大きな傷をつくる

▼銃がつくる傷は大小さまざま

2011年、米国のオバマ大統領が、米国同時多発テロ事件首謀者のオサマ・ビン・ラディンを殺害した、と発表した。殺害後の遺体写真は公表されていないが、ビン・ラディンの遺体写真なるものがインターネット上に出回った。

CG合成の偽写真だとバレバレの物もあるが、中には本物かと思うような写真もある。その写真は、額から上が吹き飛んで脳みそが露出しており、顔の造形こそ崩れているものの、ビン・ラディンらしき人相が判別できる。

銃で撃たれた場合、このように損傷の激しい場合もあれば、ほとんど無傷のように見えることもある。なぜ、これほど傷の程度が異なるのか？

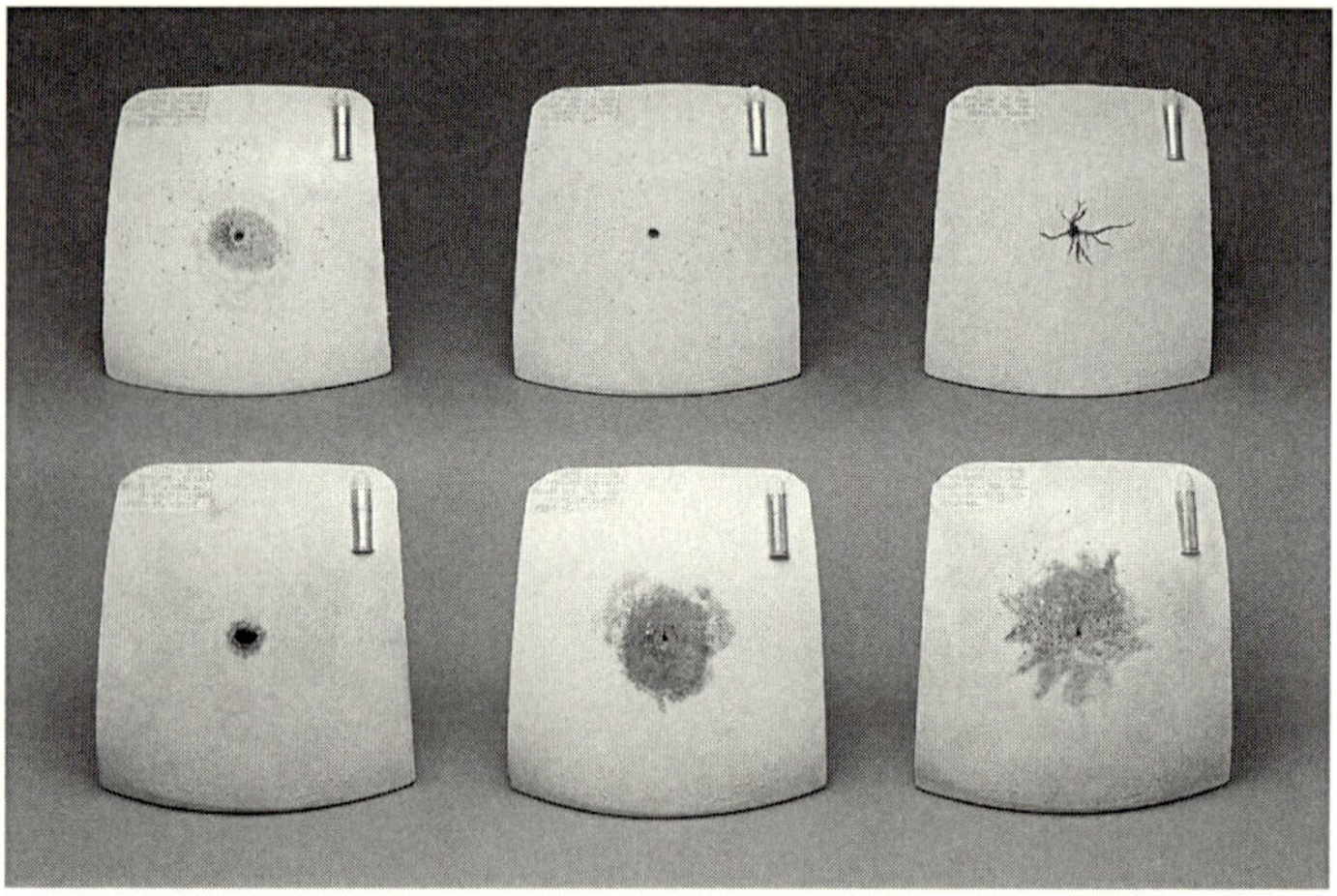

さまざまな銃創（射入孔）。使われた銃やタマの種類、距離などによってできる傷は異なる

▼射入孔の傷は小さく、射出孔は大きい

　それはひとつには単純に、弾丸の威力によって傷口が大きく変わるからだ。もうひとつはその傷が、銃弾が入った場所（射入孔《しゃにゅうこう》）か、貫通して出て行った場所（射出孔《しゃしゅつこう》）かにもよる。

　タマの持つ運動エネルギーは、命中弾の種類・口径の大小・初速・弾頭重量などにより大きく増減する。命中したのがライフル弾か、拳銃弾かによって、損傷は大きく異なってくるのだ。例えば、拳銃弾だけで比較しても、お巡りさん日本の警察官が持つ「S&W M-37エアー・ウエイト」などの38スペシャル弾は、7グラムの弾頭を毎秒３００メートルで発射するが、運動エネルギーは３１９ジュールだ。これに対し、映画「ダーティ・ハリー」で有名な44マグナム弾は、13グラムの弾頭を毎秒３９１メートルで発射し、運動エネルギーが１０３０ジュールにも達する。

　一般的に、タマの持つ運動エネルギーが小さい場合は、射出孔の傷は大きく、射入孔の傷は小さいものだ。つまり、タマが飛び出した後頭部の傷こそ大きいが、額にはポツンと小さな穴が開くだけである。

　これは、発射されたタマが銃身内部の溝（ライフリング）

で回転を与えられ、命中してから人体内部で横転するなど、複雑で不規則な動きをして進むためである。また、タマが命中部分の反対側から体外へ飛び出すときに衝撃波と圧力が外向きに開放されるが、この際に射出孔となる部分が大きく破壊されるのだ。

一方で、タマの運動エネルギーが大きいと、射入孔の傷も大きくなる。暗殺された米国のケネディ大統領のように、頭部が吹き飛ぶことになるのだ。

6　撃たれて平気そうでも死ぬことがある？

適切な手当てなしでは、鉛中毒や破傷風の恐れが。出血や被弾によるショック症状も怖い

▼銃のタマはバイ菌だらけ

西部開拓時代のガンマンは、近距離での撃ち合いで被弾すると、それが致命的部位でなくても、死亡することがあった。当時は医療技術が未発達で、麻酔もなく、切断手術はもちろん盲管銃創（体内にタマが残っている傷）の手術すら困難だった。そして、感染症を防ぐ抗生物質も、もちろん存在しなかった。

破傷風菌に代表されるように、土の地面や建物の壁で跳弾したタマは、特に感染症をもたらしやすい。この感染症が原因で、多臓器不全などの合併症を起こし、死亡することもあったという。

また、複数のタマが当たった場合、当たりどころがよく一見運良く助かったように見えても、次第に鉛中毒で組織が壊死し、腕や足が腐ることもあったそうだ。こうなると、どのみち腕や足を切断するしかないし、運が悪ければ臓器不全を引き起こして死亡することもあった。

▼致命傷でなくとも死ぬ恐れが

これが21世紀の現代であれば、感染症を防止する抗生物質はあるし、万が一組織が壊死して四肢を切断する事態となっても、麻酔を用いて手術を行なうことができる。また、バイタル・パートと呼ばれる重要な臓器がある人体の重要部、すなわち胴体に被弾しても、必ず死ぬとは限らない。腸が飛び出すほどの内臓損傷でなければ、西部開拓時代とは比較にな

らないほど、劇的に致死率は低下している。さらに、大腿部などに被弾して動脈から出血しても、2分以内に緊縛止血すれば何とか助かるだろう。

だが、万人が近代医学の恩恵を受けられるとは限らない。市街地で警察などの法執行機関が犯罪者等と銃撃戦をして、警官や一般市民が被弾したのであれば、病院への救急搬送にも時間はそれほど掛からないものだ。

しかし、人里離れた山奥でハンターに誤射されたり、野戦病院から遠く離れた最前線で軍隊の歩兵が被弾した場合は、近代医学の治療を施す前に死ぬことがある。実際、前述のようなケースでは、ヘリコプターでの緊急空輸中に命を落とす者も多い。

また、第一次インドシナ戦争（1946〜1954）やベトナム戦争（1960〜1975）のような近代戦でも、包囲されて抗生物質が尽きたら、感染症の治療は困難になる。米陸軍衛生部隊の報告書によれば、複数のタマを被弾しても盲管銃創で助かりながら、鉛中毒が原因と見られる組織の壊死で、腕を切断した兵士もいたという。

さらに、跳弾で破砕した小銃弾などの破片を多数受けて、鉛中毒となった兵士もいた。結局、この兵士も腕を切断するに至ったが、その後多臓器不全が原因で死亡している。

このように、被弾して一見平気そうでも、適切な治療なくしては死に至る。抗生物質がなければ現代戦でも、下手すれば鉛中毒で死ぬこともあるのだ。

また、被弾時のショック症状（出血性ショック）が原因で死亡する場合もあるから、致命傷でないからと安心してはいけないだろう。

7 防弾チョッキで銃弾は本当に防げる？

基本的に砲弾の破片や弱い拳銃弾しか防げない。装甲板を追加しすぎれば重くなりすぎる

▼防弾チョッキの歴史

防弾チョッキは、英語で「ボディアーマー・ベスト」と呼ばれる。警察や軍隊が、小口径の銃弾などから胴体部分を守るためのものだ。

かつて、中世ヨーロッパで銃が普及し始めた頃、金属製の鎧でタマを防ごうとすれば、身動きできないほどに重くなった。そこで胸部分だけを守る鎧が出現したが、それでもまだ

重すぎた。銃の登場後も軽装を好んだ日本の侍や足軽とは対象的だ。

さて、実用的な防弾チョッキは、第二次世界大戦後に合成繊維が普及するに至り、アメリカでやっと実現した。1960年代は、ナイロンを十数枚重ねただけのものだったが、1980年代にケブラー繊維の防弾チョッキが登場した。現代では、スペクトラという新素材も使われている。

米軍が採用する最新型防弾チョッキにはIOTVとSPCSがある。写真のSPCSは動きやすさを重視しているが、セラミックス板を挿入してさらに防御力を高めることも可能だ

▼防弾チョッキ着用でも安心はできない

だが、防弾チョッキを着ていれば撃たれても問題ないかというと、必ずしもそうではない。軍隊の防弾チョッキは、もともと砲弾の破片や拳銃弾しか防げない。しかも、最近ではケブラー繊維でできた、いわゆる「ソフト・アーマー」の防弾チョッキを撃ち抜く拳銃弾もある。

一般的に、弾丸の運動エネルギーが高いほど威力も大きくなるが、これは弾丸の初速（銃口を離れた直後の速度）にも比例する。だから、撃たれたときの距離や、当たった角度によっては助からない。そこで、4キログラムほどの重さがあるセラミックス板（SAPIと呼ぶ）を前後に入れて、ライフル弾の貫通も防げるようになった。

しかし、このセラミックス板を付加すれば、合計で約12キログラムにもなり、俊敏な行動が不可能になる。そもそもタマの貫通は防げても、弾着の衝撃で内臓破裂することもあるから、防弾チョッキが万能とはいえない。

8　銃弾は貫通力と打撃力のどちらが重要？

「口径」だけでなく「初速」も考慮し、「運動エネルギー」の大きさで威力を評価する

▼口径と威力は必ずしも比例しない

拳銃やアサルトライフルといった小火器には、タマの威力を決定付ける要素として、「貫通力」と「打撃力」の2つがある。このうち貫通力は、物体に命中した後のタマが、物体内部の抵抗に逆らって、奥深く突き抜ける力のことだ。

一方で打撃力とは、命中した衝撃で、タマが物体に与えるインパクトのことをいう。人体にタマが命中した場合、貫通力が高いだけなら、それほど大きな傷を与えることはない。しかし、打撃力が大きい場合は、四肢が千切れたり頭部が吹き飛ぶなど、人体に大きな損傷を与えるものだ。

これは、タマの威力をデモンストレーションして見せるビデオなどの映像で、よく見かけることがある。貫通力であれば、分厚い電話帳をブチ抜いたり、人体を模した粘土やゼラチンを撃って、どれだけタマが侵徹したか。打撃力の場合なら、ウォーター・メロンや水の入ったポリタンクを撃つと、雲散霧消・木っ端微塵となるような検証実験からも分かるだろう。

銃のタマとは、それぞれの銃の「口径」、「弾頭重量」、「発射薬量」そして「初速（銃口を飛び出した直後における弾頭の速度）」により、運動エネルギーの大きさが異なってくる。タマの威力は運動エネルギーの大きさで表し、その単位はJ（ジュール）で、102グラムの物体を1メートル動かす力を指す。

この運動エネルギーの大小が、貫通力や打撃力に影響を及ぼすとともに、タマの威力を評価する指標となるのだが、銃の口径と威力は必ずしも比例しない。例えば、「9ミリ・パラベラム弾」はその名称の通り口径9ミリだ。123グレイン（約8グラム）の弾頭を毎秒約350メートルで発射した時、運動エネルギーは494ジュールである。

これに対して、ベルギーFN社の拳銃である「ファイブ・セブン」が使う、5・7×28ミリ弾は、口径5・7ミリで31グレイン（約2グラム）の弾頭を、毎秒716メートルの高速で発射する。その運動エネルギーは534ジュールにも

なるのだ。つまり、口径は小さくとも、こちらの弾薬の方が、より威力があるわけだ。

ベルギーの「ＦＮファイブ・セブン」は、セラミックス板を追加していない防弾チョッキなら簡単に撃ち抜ける５・７ミリの拳銃弾を使う（Photo：かの よしのり）

▼近年では、貫通力重視の傾向にある

さて、近代軍隊では、この小火器用弾薬における貫通力と打撃力の関係について、どちらを重視するかの論争がしばしば行なわれてきた。第二次世界大戦頃までは、自動拳銃のコルト・ガバメントに使う口径11・4ミリの「.45ＡＣＰ弾」といった、どちらかと言えば打撃力が大きい大口径のタマが重視されていた。

これは、１８９８年の米西戦争における戦訓によるものだ。フィリピンのモロ族と戦った米軍が、「.38スペシャル弾」の威力不足を痛感したためである。

しかしその後、冷戦時代となって小銃の連射性能が向上し、兵士一人当たりの携行弾薬数が増加すると、拳銃のタマにも携行弾数の増加が求められるようになってきた。

そこで、米軍やＮＡＴＯ各国軍は、口径が小さい分だけ多くのタマを携行できる「９ミリパラベラム弾」を共通弾薬として採用、従来の倍近い十数発の装弾数を持つ、複列弾倉タイプの拳銃を用いるようになった。この9ミリ・パラベラム弾は、打撃力よりも貫通力に優れたタマである。

一見、米軍は携行弾数増加のために、打撃力を捨てたように思えるが、結果的にそれが功を奏した。なぜならば、冷戦

後は屋内での近接戦闘が多く生起するようになり、防弾チョッキを撃ち抜く小口径高速拳銃弾まで出現している。現代

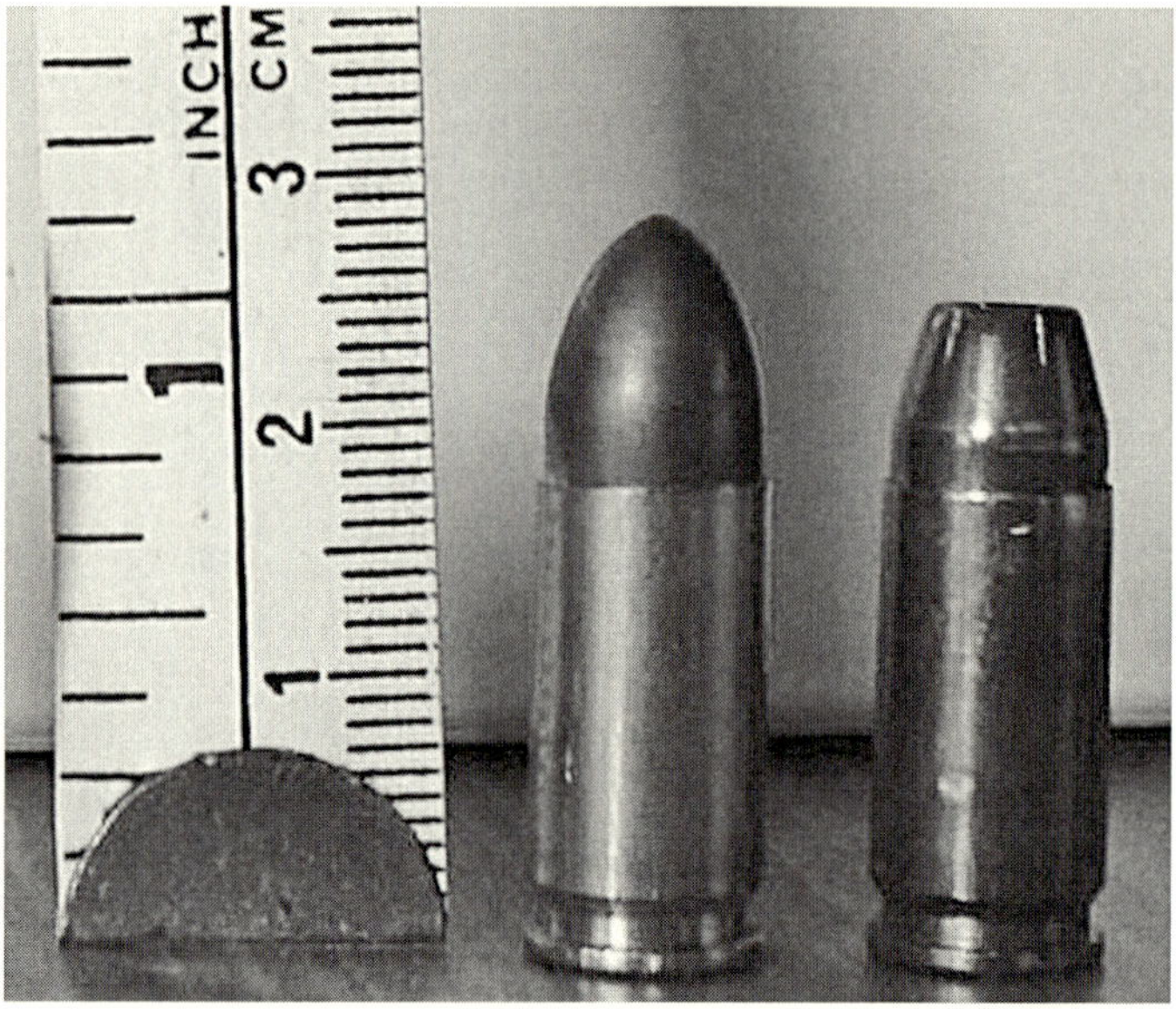

９ミリパラベラム弾のフルメタルジャケット（左）とホローポイント（右）。長く45口径にこだわってきたアメリカ陸軍でもベレッタＭ92と共に採用された

.45ＡＣＰ弾のフルメタルジャケット（左）とホローポイント（右）。38口径の打撃力に不安を覚えたアメリカ陸軍に採用された

の陸戦では、野戦と同じくらいに市街地での屋内戦闘も重視される。このため近年では、貫通力に優れたタマが求められるようになってきたのだ。

9　真上に撃ったら、落ちてきたタマで死ぬ？

タマは風や自転の影響で、ズレた場所に落ちてくるので当たらないが、もし当たれば死ぬ

▼真上に撃っても頭上には落ちてこない

中東の兵士たちが「アッラー・アクバル！（神は偉大なり）」と叫びながら、空に向かって祝砲代わりにAK-47を撃つ。ニュースでよく見かける映像だ。

フルオートにして、小刻みな短連射を繰り返す。これは、士気を高めるために行なう、彼らにとって一種の儀式というかお祭り騒ぎだが、中には自分の真上に向けて撃つ兵士もいる。

これが空包なら、人間を至近距離で撃たない限り、怪我や大火傷を負うことはない。しかし、実包を真上に撃ったら、そのタマは自分の頭に落ちてきて、危険ではないのだろうか。

だが、その心配は無用だ。銃を垂直に固定して、正確に真上へ撃っても、地球の自転と風向・風速によって、その弾道は放物線を描く。だから、自分の頭に撃ったタマが垂直に落下することはない。しかし自分より若干右側（東の方向）にタマが落ちて、誰かに当たることはあるかもしれない。

▼落ちてきたタマでも殺傷力は高い

では、仮にその落下したタマが人間に当たったら、どうなるのだろうか？　全米ライフル協会の実験によれば、30-06弾を使うライフルで真上を撃つと、発射されたタマは21秒後に高度約３０４８メートルに達する。このタマが、どのような姿勢で落下するかで速度（運動エネルギー）は異なるが、命中すれば致命的な怪我をする可能性があるという。

弾頭の底部を下にして落下した場合、58秒後に時速約３５５キロに達し、弾頭が横転状態なら81秒後に時速約１９８キロ。そして、弾頭の先端を下にしての落下なら、53秒後に時

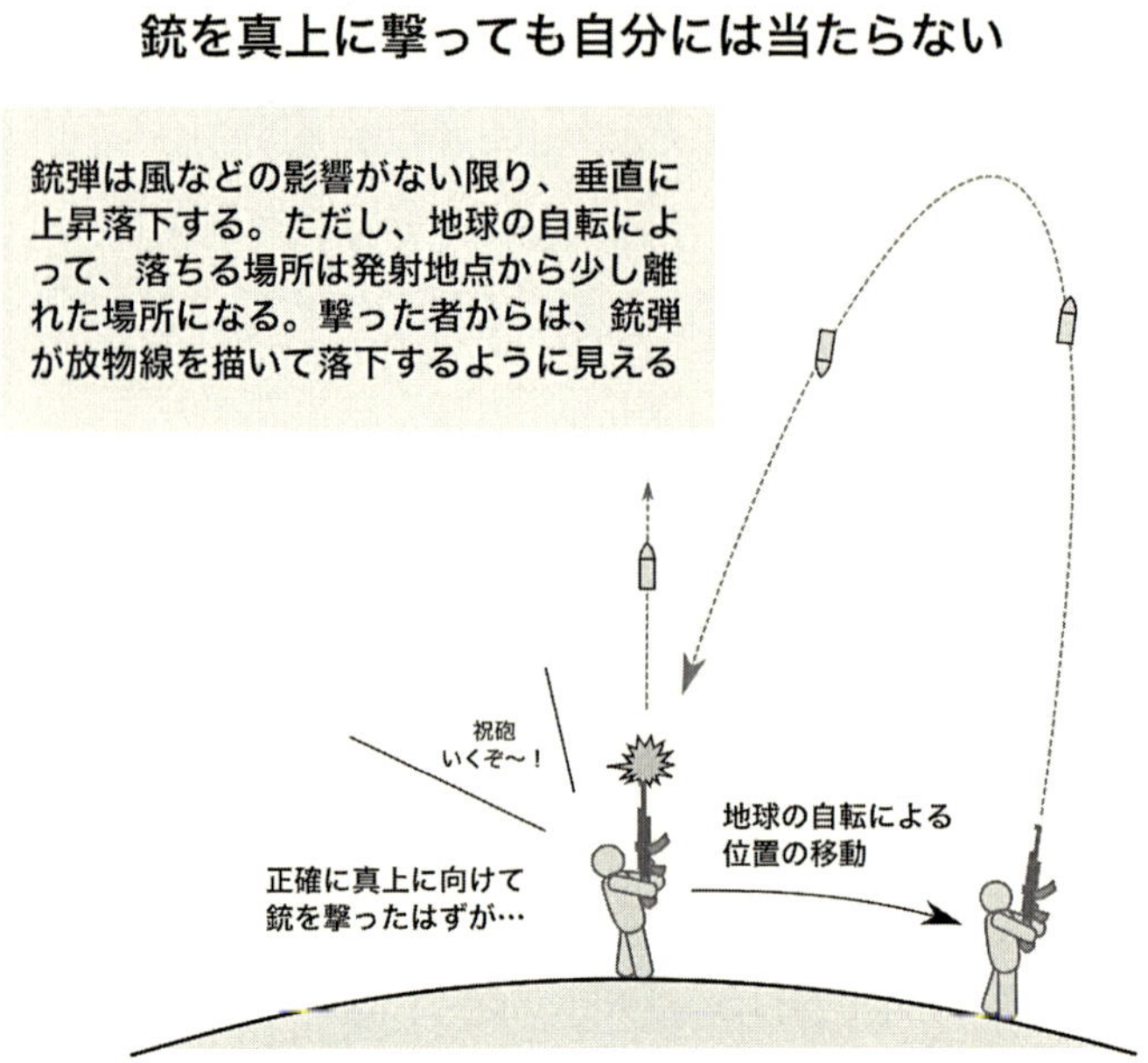
銃を真上に撃っても自分には当たらない
銃弾は風などの影響がない限り、垂直に上昇落下する。ただし、地球の自転によって、落ちる場所は発射地点から少し離れた場所になる。撃った者からは、銃弾が放物線を描いて落下するように見える
祝砲
いくぞ～！
地球の自転による
位置の移動
正確に真上に向けて
銃を撃ったはずが…

速約501キロにもなる。30-06弾を水平に撃ったときの初速は、軍用の「.30M2普通弾」で時速約3078キロ。落ちてきたタマは当たればヘルメットを被っていても貫通するだろう。

10 車のドアや死体で銃弾を防げる？

銃弾から身を守るには、厚く硬い遮蔽物が必要。
コンクリートですら十分でないことも

▼車や家具は何の助けにもならない

アクション映画には、車のドアや机などを楯にして銃撃戦が繰り広げられる、といった描写がある。しかし、結論から言えば、車のドアや机、ソファーなどには、遮蔽物としての防護効果はほとんどないと言ってよいだろう。

これらの材質には、たとえ金属製であっても、比重の高い金属が使われていないし、それが高密度で詰まっている訳でもない。中に空間があるから、命中したタマは抵抗をほとんど受けないで内部を進み、貫通してしまう。

▼コンクリート壁は最適な遮蔽物だが…

では実際に、どのような遮蔽物であれば、拳銃弾やライフル弾をストップできるのか。

一般的に、タマの貫通力は、運動エネルギーの大小に比例する。そして、タマが貫通するか否かは、遮蔽物の材質や、弾丸の射入角にも左右される。

車であれば、遮蔽効果が期待できるのは、エンジンのシリンダー・ブロック部分くらいだろう。そして、建造物の陰に隠れるのならば、やはり最低鉄筋コンクリート製の建物でないと意味がない。しかし実際には、コンクリートであっても厚さとタマの種類によっては貫通することがある。貫通しなくても、コンクリートの破片が飛散して、負傷の原因になる。直接被弾しなくても、この破片で戦死した兵士も多いのだ。

自宅やオフィスには、先述のように机は役立たないので、盾になりそうな家具や備品はほとんどないのが実情だ。しかし、ギッシリと中身が埋まった本棚は意外と有効な遮蔽物となりうる。

また漫画などで、撃たれて死んだ人を盾にするようなシーンもある。しかし実際には人体（死体）は遮蔽物としてヤワ過ぎるから、まったく不適と言ってよい。射出孔側が大きく破壊されて、内臓や肉片等が飛び散るから不快なだけでなく、死体を貫通したタマに被弾したら感染症の原因にもなる。防弾チョッキを着た死体を、何体も縦に並べて「一列縦隊」にし、その最後方に隠れない限り、完全な遮蔽物としては役立たないだろう。

結局、車のドアや机、ソファー、死体などの陰に隠れたところで、「敵弾を防げるかも？」「もしかしたら貫通途中で逸れてくれるかも？」「敵から居場所を隠せるかも？」という気休め程度にしかならないのだ。

11　映画のように車を撃ったら爆発する？

たまたまタンクに気化したガソリンが充満していて、奇跡的に火花が発生する必要がある

▼ガソリンに火をつけるのは、実は難しい

たった1発の銃弾で、自動車が爆発する……。これも映画

やアニメなどでよく見かける演出だ。だが、1発の銃撃で車が爆発することは、果たして起こり得るのか？

結論から言えば、被弾箇所が燃料タンクであれば、全くの偶然で炎上、すなわち科学的な言い方をするなら燃焼することはないことはないが、まずない。

ディーゼル・エンジンが動力のトラックなら、燃料の軽油は引火点が約50度だ。これに対し、ガソリンの引火点は約マイナス40度と遥かに低い。この引火点というのは、何もしなくても自然に発火する温度、という意味ではない。空気中には酸素が存在するから、銃撃で燃料タンクが被弾した時、火花が生じれば着火するかもしれない、という温度だ。あくまで「かもしれない」であって、実際にはガソリンはそう簡単には引火しない。着弾の火花程度で火をつけるというのは、きわめて難しいはずだ。

▼爆発に必要な条件とは

燃焼と爆発は本質的に異なる化学的現象だ。車が1発のタマで爆発するためには、どのような状況が必要なのだろうか。

まず、軽油よりガソリンの方が揮発性が高い。もしガソリンが気化して周囲に充満しており、そこに火花が生じれば、瞬間的に爆発する可能性がある。

つまり、トラックではなく乗用車ならば、爆発する可能性は皆無ではないと言える。

もう少し具体的には、乗用車の燃料タンクは着弾で火花を発生しやすいように金属製である必要がある。しかもガス欠に近い状態で、タンク内には気化したガソリンが充満している。そこに被弾した際に、見事火花が発生すれば、爆発が生じるだろう。

もし燃料が満タン状態であれば、被弾した後にしばらくして漏れたガソリンが気化し、そこへ火花が発生することで、爆発するかもしれない。だが、気化したガソリンが車の周囲に充満するには時間が掛かる。また、火花を発生させるために、跳弾になるように撃つのは全く不可能ではないにしても、何百発もの弾数が必要だ。つまり、確率的には甚だしく低い、と言えるだろう。

燃料タンクを爆発させるには

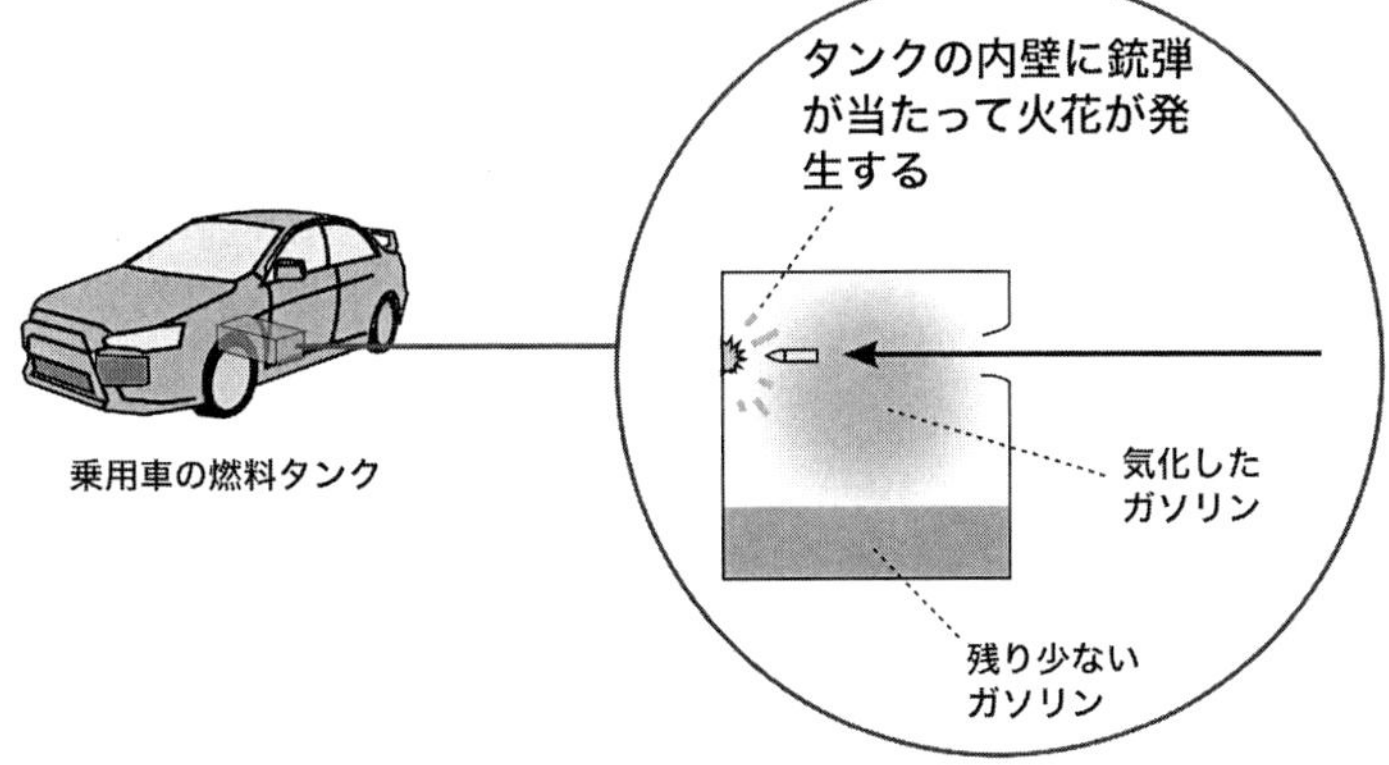

12　銃での事故で多いパターンとは？

３パターンは、①残弾の抜き忘れ、②人に銃を向ける、③引鉄に指をかけたまま持ち歩く

▼暴発事故を避けるために

どんな銃であっても、暴発事故は絶対に避けなければならない。暴発、つまり意図しない発砲による死傷事故の発生原因を大別すると、３つのパターンがある。

まずひとつ目が、「銃の残弾を抜き忘れた」ことで起こる場合だ。

フィンランドでの出来事だが、射撃後の銃手入れの際、ライフルを分解しようとして暴発。友人の胸に命中して死亡事故となった。残弾を抜き忘れていたのだ。

次いで２つ目が、「銃に弾が装填《そうてん》されていることを忘れていた」ことと、「人に安易に銃口を向けたため」に起きたケースである。

アメリカで、エイプリル・フールに仮装をした男性が、友人を驚かせようと銃を向けた。平然としている友人の態度

に、男性は逆に驚いて無意識のうちに引鉄を引いてしまった。

友人は頭部を撃たれ即死した。男性は、銃が装填済みであることに気付かなかったという。冗談でも人に銃口を向けることは、想像以上に事故に繋がりやすい。

▼撃つ直前まで引鉄に触らない

そして3つ目は、「引鉄に指をかけたまま、弾が装填された銃を携行」して起きるパターン。

日本で起きた事故である。仲間と鹿撃ちに出かけたハンターが猟場で転倒、銃が暴発してしまった。前を歩いていた仲間は、背中を撃たれ、出血多量で死亡した。

そのハンターは、すぐ獲物を撃てるように、銃の安全装置を外し、引鉄に指を掛けていたのだった。

このように、実銃の暴発事故では死に至ることがある。エアガンの場合でも、サバイバル・ゲームは例外として、暴発して人に当たれば怪我をする。だから、撃つ直前まで引鉄に指をかけてはいけないのだ。

引鉄に指をかけるのは撃つ直前

非戦闘時の正しい持ち方。安全装置をかけ、銃口を地面に向け、引鉄からは指を外す（Photo：J-Star）

13　銃口を指で塞がれたまま撃つと、爆発する？

指が吹き飛ぶだけ。
そもそも銃が破裂しても爆発はせず、多くは火傷ですむ

▼銃口に指を入れて、撃つのを止められるか

漫画などで、銃を向けられた主人公が銃口に指を突っ込んで「撃つなら撃ってみろ！（弾が発射できず内部で爆発して）貴様も死ぬぞ」という描写がある。では、そのような状況で射撃した場合、本当に射手は死ぬほど銃が爆発するのだろうか？

まず、銃身内部の異物がある場合ならともかく、銃口に指を突っ込んだところで、発射を阻止することは不可能だ。射撃時に発生した高圧のガスにより、容易に指が吹き飛ばされてしまうだけだ。これは、人体の手を模した粘土やゼラチン製の模型を使用しての実験からも明らかになっている。

結局、そのような状況下で死ぬのは指を突っ込んだ側の人

間であり、冒頭の台詞は絶体絶命という場面でのハッタリに過ぎないと言えよう。

指ではびくともしないが、銃身内に異物などがあったりすると銃もいわゆる暴発することがある。漫画などでは、銃全体が木っ端微塵に「爆発」して射手が吹き飛んだり、死んだりする描写があるが、果たしてこれは起こりうることだろうか？

やはりこれも、いくらなんでもオーバー過ぎる表現だ。銃内部にごく微量でも可塑性爆薬（いわゆるプラスチック爆弾）でも仕込まない限り、拳銃でもアサルトライフルでも、銃身が「爆発」することはない。

▼暴発しても、多くは火傷する程度

では銃が（銃身内の異物などが原因で）破壊・破裂した場合、どうなるのだろうか。

アサルトライフルであれば、遊底・機関部・銃身の順にヤワな作りになっているから、銃身が真っ先に破損する。銃身内部が瞬間的に数万気圧にもなるので、リボルバーならシリンダーの隙間から高圧高温のガスが噴出し、顔を負傷する。

負傷と言っても、状況によって程度はさまざまだが、皮下組織にまで達するような重症の大火傷を負う、というほどではない。とはいえ、顔面に全治1週間の火傷くらいにはなるかも知れない。

銃身破裂が起きたとき、リボルバーよりも深刻なのは自動拳銃だ。銃身が裂けた時、内部で発生した数万気圧のガスが、銃身の裂けた部分から噴出するだけではなく、薬室側、つまり銃口と逆方向にも発生するからである。

この逆方向に発生したガスが、スライドの後方や、グリップ内の弾倉を挿入する部分（マガジン・ハウジング）へ猛烈な勢いで瞬時に吹き付けることも皆無ではない。

最悪の場合、弾倉内にある弾薬の雷管に引火して五指が吹き飛ぶか、スライドが吹き飛んで顔面を大怪我するだろう。

▼銃身破裂の主な原因は「ハンドロード」

では、どのようなときに銃の破裂事故が起きるのだろうか。銃口から偶然異物が入ってしまうこともあるが、より頻繁なのは、市販のタマではなくハンドロード（撃ち殻薬莢に新品弾頭を詰める作業）をしたタマを使った場合だ。これはタマを用意した人間のミスによる「人災」である。

米国などで拳銃を所持している人は、ハンドロードをする場合も多い。撃ち殻薬莢を回収して、それに火薬と新品未使用の弾頭を挿入、リサイクルするのだ。このとき、タマの発射薬（火薬）の種類や量を間違えて薬莢に入れてしまうことがある。この状態で撃つと、銃身が破裂して怪我をする。

また、薬莢に火薬を入れ忘れて、新品の弾頭と雷管だけ付けたタマを装填して撃つと、銃身の途中で弾頭が止まってしまう（このような現象を停弾《ていだん》と呼ぶ）。この時点で気付かずに次弾を撃つと、銃身内部でストップした弾頭に阻まれ、異常腔圧になって銃身が裂けてしまうのだ。

ショットガン用のシェル（装弾）をハンドロードするために使われる装置

14 空砲と空包はどう違う？

「空包」は中身のない音だけがするタマのこと。

「空砲」は空包を撃つ行為を指す

▼空包は訓練や儀礼用に使われる

一口に「タマ」と言っても、色々な表現がある。弾丸と呼ぶこともあれば、銃弾とも言う。「弾頭（ブレット）」という呼び方もすれば「弾薬（カートリッジ）」とも言う。

英語でアムニッション（略して、アモ）と言うのは、実弾のことで、専門的な呼び方なら「実包《じっぽう》」となる。

この実包に対し、音だけがするタマを「空包」と呼ぶ。「空砲」は射撃行為自体を意味するから、「空砲射撃」とは表現するが、「空包射撃」とは書かない。

この空包、民間では有害な鳥獣を追い払うときに使うが、軍隊では訓練や儀式に使う。演習で撃ち合ったり、殉職者の慰霊祭で「弔銃射撃」を行なう際に使うのだ。

▼空包を撃つには専用器具が必要

現代の軍用アサルトライフルは自動式で、発射薬のガス圧を利用する作動方式である。実包と空包は、発射薬の燃焼速度が異なるから、そのまま撃ってもまともに作動しない。最初の1発目は発射できても、2発目のタマが自動で装填されないのだ。

そこで、空包を撃つときは銃口に専用の器具を付ける。これを「空包発射補助具（ブランク・アダプター）」と呼ぶ。演習場には、訓練以外の用事で来ている部隊もいる。そこで安全のため、空包を使用して訓練中であることが、遠方から他部隊にも見えるように、空包発射補助具はオレンジ色に塗装されている場合が多い。

89式小銃の銃口に取り付けられた器具が空砲発射補助具（ブランク・アダプター）（Photo：かのよしのり）

【付録】銃に関する用語

銃（じゅう）……本来は、金槌《かなづち》の柄を差し込む穴のこと。江戸時代以降の呼び方。

鉄砲（てっぽう）……戦国時代頃までは、銃をこう呼んだ。元寇の「てつはう」に由来するも言われる。

火器（かき）……火薬を使用する銃砲類のこと。英語では、ファイアー・アームズと呼ぶ。日本の武器等製造法という法律では、口径20ミリ以上が砲、それ以下を銃と定義している。

小火器（しょうかき）……火薬を使用する銃砲類のうち、拳銃・アサルトライフル・機関銃などの小さなもの。英語では、スモール・アームズと呼ぶ。

小銃（しょうじゅう）……主に、軍隊で使う銃の種類を指す。英語でライフルと呼ぶ。現代では自動銃が常識なので、いちいち自動小銃とは呼ばない。

遊底（ゆうてい）……自動銃の部品で、送弾・装填・発射・排莢を行なうために往復するもの。英語でボルトと呼ばれる。自動拳銃では、スライドがこの役目をする。

薬室（やくしつ）……弾薬を装填する場所。大抵の銃では、銃身の根元に位置する。リボルバーは、弾倉兼用のシリンダーがこれに相当する。

機関部（きかんぶ）……ライフルなど拳銃より大型の銃で、遊底など主要部品が収められた部分。レシーバーとも言う。

ガク引き（がくびき）……緊張や気負い過ぎが原因で、引鉄をガクッと強く引くこと。本来、引鉄は絞ると言い、なめらかに引く必要がある。正しい引き方は、古来より「暗夜に霜の降るごとく」と形容される。

零点規制（ぜろてんきせい）……英語でゼロインと言い、標的の中心にタマが命中するように、試射しながら修正すること。

照準眼鏡（しょうじゅんがんきょう）……遠くを精密に狙うための「光学式照準器」いわゆる「スコープ」のこと。さまざまな倍率がある。

擬製弾（ぎせいだん）……実包（実弾）と形が同じで、発射薬が入っていないタマ。ダミー・カートリッジとも呼ぶ。軍隊での教育や、銃をカラ撃ちする際などに装填して使う。

9ミリパラベラム……拳銃弾の一種。パラベラムはラテン語で「戦いに備えよ」の意。9ミリルガー弾とも言う。

グレイン……本来は麦1粒の重さ（0・0648グラム＝7000分の1ポンド）で、弾頭や発射薬の重量を表す単位。本書では、分かりやすいようにグラムを用いた。

脚（きゃく）……機関銃を地面に据えて射撃するための部品。二脚（バイポッド）と三脚（トライポッド）がある。二脚は、一部の小銃や狙撃銃にも付いている。

撃発（げきはつ）……タマを発射すること。銃砲用語で、学術的な言い方。

遅発（ちはつ）……引鉄を引いてから、数秒遅れてタマが発射される異常現象。何十年も前の古い弾薬を使うと稀に起きる。

不発（ふはつ）……引鉄を引いてもタマが発射されない異常現象。銃の撃針不良や、弾薬の雷管不良が原因。

クックオフ……機関銃に多く見られる異常現象。銃身の過熱により、引鉄を引かなくてもタマが発射され続けること。

装薬銃（そうやくじゅう）……火薬を使用する銃の総称で、空気銃に対しての呼び方。

カービン……騎兵銃のこと。現代では、アサルトライフルの全長を短縮した銃を指す。米軍のM４が有名。

装弾数（そうだんすう）……銃の弾倉に入るタマ数のこと。自動拳銃で「○○発＋1」という表記は、弾倉のほかに薬室に1発装填可能という意味。

NATO弾（なとーだん）……北大西洋条約機構の加盟国で、共通使用を目的に定めたタマのこと。

ダムダム弾……国際法で禁じられた、先端に鉛が露出している殺傷能力の高いタマ。昔、英国の植民地だったインドのダムダムという工場で生産したのでこう呼ぶ。

ハーフコック……拳銃の安全機構の一種。倒れている撃鉄を少しだけ起こし、指を離した状態。この状態では引鉄が引けない。

撃針（げきしん）……弾薬の底にある、雷管を打ってタマを発射させるための部品。大抵は細長い形状をしている。

著者略歴

あかぎひろゆき

昭和60年（1985）3月、陸上自衛隊第5普通科連隊　新隊員教育隊（青森）に入隊。東北方面飛行隊にて観測ヘリコプターOH-6および連絡偵察機LR-1の整備、武器係陸曹として小火器の整備などに携わる。　その後、武器補給処航空部（霞ヶ浦）、補給統制本部（十条）、関東補給処航空部（霞ヶ浦）に勤務し、平成15年に二等陸曹で依願退職。翌年に予備自衛官となり、平成19年から第31普通科連隊所属の即応予備自衛官として召集訓練に励む。また、つくば戦略研究所（所長・かの　よしのり）にて、主任研究員も務めている。

著書に『戦車男入門』『40字要約でわかる 兵器の常識・非常識』『元自衛官しか知らない自衛隊装備の裏話』（小社）、『世界最強兵器TOP145』（遊タイム出版）、『歩兵装備完全ファイル』『自衛隊戦力分析』（笠倉出版）、『世界の最強特殊部TOP45』（ユナイテッド・ブックス）があるほか、雑誌『ストライク　アンド　タクティカルマガジン』（SATマガジン出版）に寄稿。

40文字でわかる　銃の常識・非常識

2015年5月1日　初刷発行
2019年4月25日　三刷発行

著者　あかぎひろゆき

表紙デザイン　小池貴水

発行者　松本善裕
発行所　株式会社パンダ・パブリッシング
〒111-0053　東京都台東区浅草橋5-8-11　大富ビル2F
http://panda-publishing.co.jp/
電話／03-6869-1318
メール／info@panda-publishing.co.jp